教育部高等教育司产学合作协同育人项目成果
“十四五”普通高校新商科应用型规划教材

商务决策综合实训教程

主编 何 伟 张聚伟

中国财经出版传媒集团
中国财政经济出版社

图书在版编目（CIP）数据

商务决策综合实训教程 / 何伟，张聚伟主编. --北京：中国财政经济出版社，2021.7

“十四五”普通高校新商科应用型规划教材 教育部高等教育司产学合作协同育人项目成果

ISBN 978-7-5223-0590-5

Ⅰ.①商… Ⅱ.①何… ②张… Ⅲ.①商业管理-管理决策-高等学校-教材 Ⅳ.①F712

中国版本图书馆 CIP 数据核字（2021）第 112709 号

责任编辑：王 芳　　　　责任校对：张 凡

封面设计：孙俪铭

商务决策综合实训教程

SHANGWU JUECE ZONGHE SHIXUN JIAOCHENG

中国财政经济出版社 出版

URL：http：//www. cfeph. cn

E-mail：cfeph@ cfeph. cn

社址：北京市海淀区阜成路甲 28 号 邮政编码：100142

营销中心电话：010-88191522

天猫网店：中国财政经济出版社旗舰店

网址：https：//zgczjjcbs. tmall. com

北京密兴印刷有限公司印刷 各地新华书店经销

成品尺寸：185mm×260mm 16 开 10.25 印张 236 000 字

2021 年 7 月第 1 版 2021 年 7 月北京第 1 次印刷

定价：42.00 元

ISBN 978-7-5223-0590-5

（图书出现印装问题，本社负责调换，电话：010-88190548）

本社质量投诉电话：010-88190744

打击盗版举报热线：010-88191661 QQ：2242791300

前　言

近年来，围绕创新实践能力的培养，地方应用型普通高校普遍开设了“经管类跨专业综合仿真实训”课程，主要依托实训软件平台，建立虚拟商务环境、政务环境和公共服务环境，由不同专业的学生分别组队创建不同的企业和机构，并扮演总经理、财务主管、生产主管、市场主管、税务局局长、银行行长等角色，完成从组建团队、筹建企业和机构、岗位角色模拟到企业经营、供应链竞合与服务业协同等多种多样的实训任务。总体看，通过这种对虚拟商务环境进行沉浸式的学习体验和工作感受式的教学模式，对学生认知并熟悉现代商业社会内部不同组织、不同职业岗位的工作内容和特性，进而提升学生实践能力起到了重要的作用。但是必须看到，近年来新商科建设的不断推进，对应用型人才实践能力的培养提出了更高的要求，如何创新实践教学范式，进一步挖掘实训教学在应用型人才知识、能力和素质培养等方面的提质增效的功能，成为广大高等教育者面临的新命题和新任务。

正是基于上述考虑，在“校企合作、工学结合”理念指导下，在总结我院与北京方宇博业科技有限公司联合进行的教育部产教合作协同育人项目“虚拟仿真综合实践教学中心建设方案（201802037007）”实践教学经验基础上，吸纳最新的教改研究成果，针对经管类专业的特点和能力需求，我们编写了这本实训教材。与目前已有的教材相比，本教材进行了以下四个方面的尝试：

一是以商务决策为主线展开一系列实训项目。我们认为，学生对虚拟商务环境的沉浸式学习，其目的不仅仅在于对职业岗位的体验和认知，还需要上升到对商务决策的思考、规划、制订、行动和不断验证进而调整决策这一高度，让学生学会在体验中思考、在思考中对抗、在对抗中提升；不仅要感受到商业竞争的压力，更要具备在复杂商务环境中进行综合决策的视野、思维、方法和能力，从而实现对学生专业知识应用能力、综合实践能力、协作共赢视野、判断决策能力和创新意识的全面训练。

二是以数据分析为纽带展开商务决策行动。在现代社会，数据作为各行各业的重要资源，已经成为商务决策的重要依据。因此，本教材在实训中，突出以企业经营数据为基础，以数据分析为纽带，将虚拟商务环境中的各个机构的实训任务与商务决策有机地融为一体，使实训环境更为贴近现实经济运行机制，有助于全面培养学生的数据思维以及判断决策能力。

三是以学生为中心，构建交互式协作为主导的实训开展方式。通过师生互动、生生合作以及团队竞合，训练学生从事经营管理所需的执行能力、全局意识和综合职业素养，养成认真严谨的学习态度，锻炼包容合作、相互尊重的个人品质以及整体优化社会资源配置的社会责任感。

四是以总结和分享为手段，从不同层面上提炼商业决策要点。在实训的每一个阶段以及实训总体结束阶段，设计了阶段总结和整体总结两个环节，学生结合其模拟的不同企业与机构的经营绩效，从岗位层面、企业（机构）层面、商务环境层面，总结提炼其决策的得失，分享其感悟，并结合教师点评、同行（学生）点评，归纳出商务决策要点，从而更好地领悟专业知识的精髓。

本教材总体结构设计为5个实训项目，依次包括商务决策认知、商务环境构建、商务决策设计、商务决策实施和商务决策总结。由何伟教授和张聚伟任主编，徐娜娜、刘丽燕任副主编。其中，何伟负责全书系统架构、编写思路、大纲制订以及统稿工作，张聚伟负责项目1、项目3，徐娜娜负责项目4，刘丽燕负责项目2、项目5。

需要说明的是，本教材是我们在新商科应用型人才培养新要求的背景下，对创新实训教学范式的一种尝试，许多问题还有待于在实践发展中加以解决，加之作者水平有限，在此也衷心希望广大同行和读者提出宝贵意见。

最后，衷心感谢参与本书编写及出版的各位老师，他们怀着建设我国新商科的热情和提升应用型人才培养水平的愿望，经过反复论证，使本教材得以出版。

何伟

2021年3月26日

目 录

项目 1 商务决策认知

项目架构图

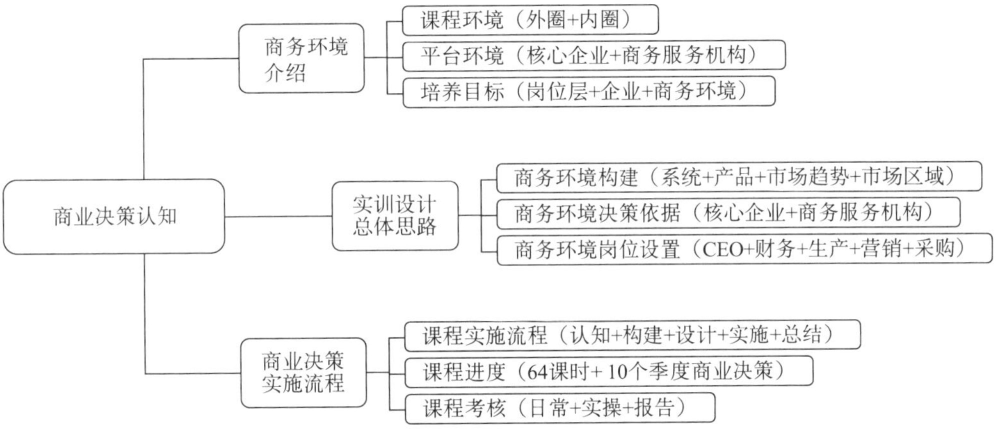

课堂导入

为什么开设商务决策综合实训教程

环境（Environment），即人们生存的空间及其中可以直接或间接影响人类生活和发展的各种自然因素，一般分为自然环境与社会环境。我们从小和父母生活在一起，这是家庭环境，它是影响我们成长的基础；我们进入校园，和同龄人一起进行学习，这是校园环境，它将影响我们发展的方向；我们踏入社会，与他人不断竞争，优胜劣汰，这是社会环境，它将影响我们未来的一生；还有我们的生活环境、工作环境、企业环境……

时代在不断发展，人才需求环境也在不断变化，自亚当·斯密提出分工理论以来，专业成了各大高校的热门词汇，岗位成了学生追求的毕生目标，这已经成为了大家的社会共识。2014 年中国提出互联网经济以来，大数据、物联网、人工智能和移动网等技术的全面融合，传统企业的边界正在慢慢淡化消失，一方面诞生了更细化、更具体、更明确的工作需求，另一方面诞生了更综合、更复杂、更全面的能力需求，这就迫使高校的专业环境逐渐调整，以适应人才需求环境的新变化、新需求、新要求。

课堂分享

我们可以请几个同学分享一下对身边的生活环境、学习环境和未来工作环境的观点和见解，强化学生对环境的认知，并结合中国当代国情引导学生思考该如何适应社会环境，更好地进行自我发展。

《商务决策综合实训教程》就是在这样的背景下提出的，该课程是“将商业环境搬进校园”，在课堂里营造一个真实的商业实训环境，在供应链竞合与服务业协同的基础上，按照上游、企业、下游的逻辑模拟不同企业的运营过程，使学生在校就能到“真实的企业（机构）”中感受工作，更好地将理论与实践相结合，促进学生的知识和能力融合，从而提高学生的综合素质。

实训目标

1. 了解商务决策综合实训中的课程环境和平台环境。
2. 理解岗位、企业、商务环境三个层次的人才培养目标。
3. 掌握商务决策综合实训的总体思路：商务环境构建、决策依据和岗位设置。
4. 掌握商务决策的实训流程、进度安排和考核要求。

价值引领目标

1. 通过学生身边不同环境的分享，激发学生积极向上的爱国情怀，树立正确的学习思想和学习态度。
2. 通过商务环境的整体介绍帮助学生树立正确的企业观和工作观。

任务1　商务环境

1.1　课程环境

《商务决策综合实训教程》按照人才成长规律，从简单到复杂、从低级到高级的顺序，通过“企业管理全景仿真”“供应链管理全景仿真”“商业社会环境全景仿真”三个不同层次，实现学生在企业环境下进行典型岗位的工作分工、协同和沟通等方面的工作能力训练，实现学生在供应链环境下进行典型企业的定位、协作和双赢等方面的综合素质培养，实现学生在商业环境下进行媒体、市场监管、税务和商业银行等方面的视野提升。

课程环境分为内圈和外圈两个部分，具体如图1－1所示。其中内圈是核心，主要基于供应链，实现原材料供应商、制造企业和贸易企业整个供应链条的发展壮大；外圈是辅助，主要运用服务、监督、管理的手段促使企业环境稳定、创新。

整个实训环境通过对真实商业社会环境中典型单位、部门和岗位的系统模拟，让学生能够进行身临其境地岗前实习，使学生认知并熟悉现代商业社会内部不同组织、不同职业岗位的工作内容和特性，训练学生从事经营管理所需的综合执行能力、综合决策能力和创新创业能力，培养学生的全局意识和综合职业素养。

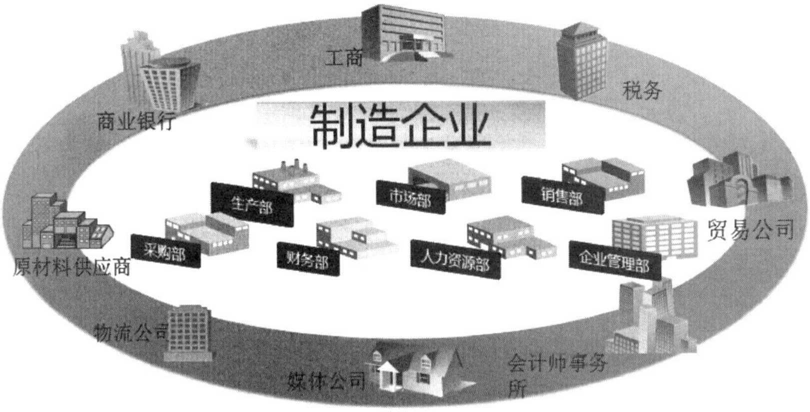

图1-1 课程环境

1.2 平台环境

平台环境采用了北京方宇博业科技有限公司的跨专业综合实训软件，该软件平台是一款多专业综合实习平台，分为主体企业和外部服务机构两大部分。

若干家同一行业的原料供应商、生产制造企业、贸易企业组成制造园区，它们所处的市场经济环境完全相同，每一家企业在经营运作过程中做出的决策不同，导致最终的经营业绩不同。它们彼此之间是相互竞争合作的关系。

外围服务机构有金融服务区、政务服务区、商务服务区、信息技术服务区和流通服务区，目的都是为了有效保证整个商业园区的稳定、发展、壮大，具体如图1-2所示。

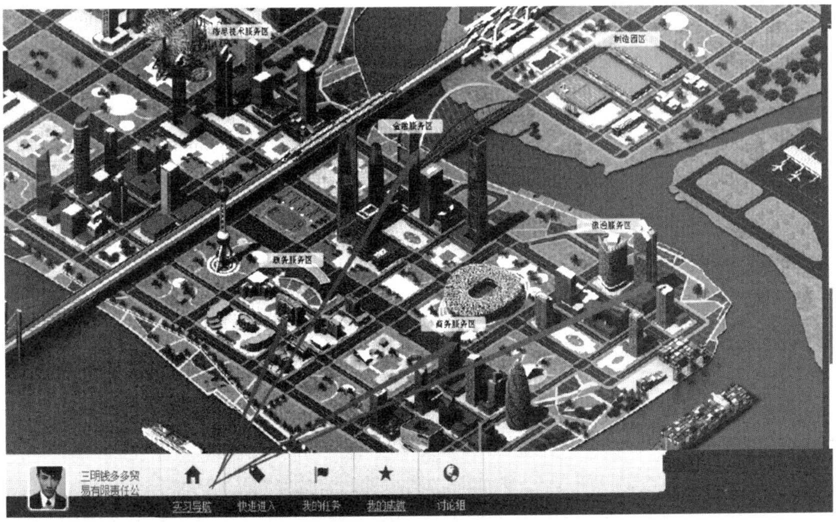

图1-2 平台环境

1.3 培养目标

按照新商科人才培养要求，课程训练学生熟悉由企业、社会服务机构等构成的商务环境基本运作流程，重点以商务数据分析为基础，引导学生进行决策设计、决策分析、决策验证和决策调整，通过循环往复的数据赋能式训练，培养学生商务决策的系统性、逻辑性、创新性和科学性。

整个课程以学生为中心，通过学生选择核心企业（原材料供应商、制造企业、贸易企业）或者外围机构（市场监督管理局、税务局、银行等）的典型岗位（总经理、财务主管、制造主管、销售主管、采购主管等），参与从竞聘上岗、企业创建、团队分工、工商注册、设计海报、跨专业实训平台运营对抗、企业运营总结等实训活动，实现在体验中思考、在思考中对抗、在对抗中合作，从而提高学生的就业能力和素养，强化学生的创新意识和创业思维，实现学生知识能力素养的全面融合，从而达到以下三个方面的人才培养目标：

1. 进行岗位层面的体验，加强学生岗前实习

在信息技术支撑的仿真现代服务业与现代制造业环境下，模拟十多家行业机构，数十个岗位，在学习者开展企业运营决策的同时，与虚拟环境中的不同机构进行交互作用和影响，全面了解岗位的工作内容、工作职责、工作流程和工作方法，产生“沉浸”于真实环境的感受和体验。

2. 强化企业层面的能力，提高学生的就业能力

在现代社会对人才实际需求的背景下，从企业经营前的商业规划撰写、就职前演讲、应聘面试，到企业经营过程中的团队分工、团队交流和团队协作，以及到服务业窗口业务处理，全方面地锻炼学习者的求职能力、沟通能力、业务能力等职业基础素质，缩短学习者与企业实际需求的距离，从而提高学生的就业能力。

3. 扩大商务环境层面的视野，提升学生综合素质修养

在丰富的信息资源环境下，不同学习者在不同经营阶段，对各类信息资源价值的不同认知，直接影响了企业内经营模式、企业间合作模式，形成了企业间协同和部门间流程协同，从而保证整个商业环境供应链系统能够正常运转。扩大了学生商务环境层面视野，大大提升了他们的综合素质修养。

延伸阅读1-1

商务环境五个假设

1. 生产主体假设

为使实验具有直观性、代表性和可操作性，本实验选择学生较为熟悉的手机制造业作为经营模拟的行业，同时假设该手机制造行业是一个从生产技术水平较低向研发、生产高技术产品发展的成长性行业。

本系统假定由学生组成的若干家手机生产制造企业为生产经营主体，每家企业的注册资本金为1 000万元人民币（贸易企业为2 000万元，原材料供应商为500万元），模拟

L、H、O及S型四种不同类型手机产品的生产及经营管理过程。在一定的经营规则下，每家企业可以自由生产、自主决策、公平竞争。

2. 经营分期假设

本模拟商务系统假定企业在存续期，连续生产、分期经营、逐期核算。一个经营周期是指企业从战略决策开始，到原料采购、产品生产、销售、交付的全过程。经营分期假设是指将企业生产经营活动期间划分为若干连续的、长短相同的期间。每个企业从经营准备期开始，依靠企业经营管理决策层在调查研究的基础上，在基础设施建设、产品研发、市场开拓、产品销售、人力资源管理、信息化等方面作出科学决策，使企业逐步成长、发展壮大。

3. 模拟市场假设

本模拟商务系统具有一定竞争性的“买”为市场，即各期产品市场总需求略小于市场总供给。其中，“买”方由系统模拟，“卖”方由模拟的若干家手机生产制造企业组成。

此外，全部市场划分为沈阳、大连、北京、武汉、成都、深圳六个国内分市场和一个国际分市场——亚洲市场。

4. 产品生命周期假设

本模拟商务系统模拟L、H、O及S型四种不同类型的手机产品的生产及经营管理过程。各产品需求生命周期曲线如图1-3所示：

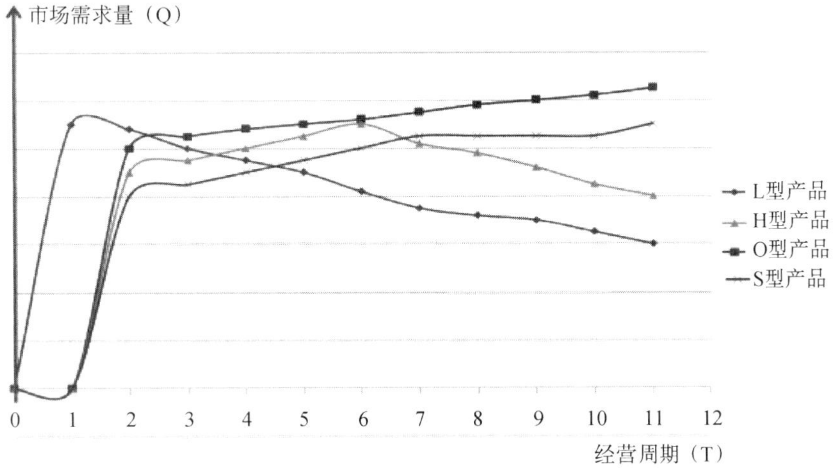

图1-3 产品变化周期

5. 外部服务环境假设

假定企业是在与外部服务部门交互中开展竞争的，因而企业在经营过程中，除了要遵守企业经营规则外，还必须遵守外部服务部门的各项约定。做到合法经营、灵活运用，在竞争中求生存、谋发展。

任务2 商务环境和商务决策

2.1 商务环境的构建

2.1.1 系统构成

为了更好地组织实施，根据平台环境的跨专业综合实训软件，我们按照一个实验环境120人的基准，设计了整个商务决策的综合实训系统。其中核心企业中原材料供应商、贸易企业和制造企业的数量比例保持为1:1:2（或3），并按原材料供应商4人、贸易企业3人、制造企业5人进行岗位设置。外围服务机构中媒体公司4~7人，市场监督管理局、税务局和商业银行均为3人。具体如表1-1所示，如果人数有变动，还可以适当增减企业数量来实现课程系统设计。

表1-1 系统环境构成

机构名称	机构数量	人员配比	所需人数	岗位设置
市场监督管理局	1	3	3	局长1名、专员2名
税务局	1	3	3	局长1名、专员2名
商业银行	1	3	3	局长1名、专员2名
媒体公司	1	4	4	总经理1名、记者2名、编辑1名
贸易企业	6	3	18	总经理1名、财务1名、市场1名
原材料供应商	6	4	24	总经理1名、财务1名、生产1名、市场1名
制造企业	13	5	65	总经理1名、财务1名、生产1名、市场1名、采购1名
合计	120			

延伸阅读1-2

实训环境后台设置

为了顺利地进行商务环境中的各项决策和实训任务，我们依托实训平台进行教学环境后台设置，构建运营环境，添加13家制造企业、6家贸易企业、6家原材料供应商、1家市场监督管理局、1家税务局、1家商业银行，为后续的其他实训任务做好准备。

环境后台的设置步骤：

第一步，登录实训平台网址：http：//10.101.248.125:8080/crossm，进行实训时的服务器登录，IP地址根据实际需要会做出调整，一切以学校实训平台服务器IP地址设计为准。

第二步，输入教师账号或者管理员账号和密码，进入教学管理仓。

第三步，点击“环境管理”，点击“新增按钮”，弹出环境管理界面，在管理界面选择规则模板为"大型课程规则"，然后分别输入环境名称、环境控制密码，点击提交并刷新就完成了环境的创建。

其中，只有在选择规则模板中选择大型课程规则才能完成所有企业（机构）的添加，默认规则里面只能选择制造企业。环境名称是我们进行后续课程的唯一名称，我们可以用上课班级来命名，比如"2017级金本1班和2班"。环境控制密码是为了防止其他教师误操作，导致课程实训中出现意外——原则上只有一位教师能进行该环境运营软件具体操作，从而避免各种失误。

第四步，选择"主环境"按钮，选择"新建环境名称"，输入环境控制密码，切换进入我们刚刚设置的"2017级金本1班和2班"环境里面。

第五步，选择小组管理，进行所有企业（机构）的添加，对制造企业、贸易企业和原材料供应商采取批量添加方式，分别添加13家制造企业、6家贸易企业、6家原材料供应商，对市场监督管理局、税务局和商业银行可以一次添加完成。

第六步，点击"返回"，点击"初始化"，输入环境控制密码，完成环境后台设置。一定要注意，完成环境初始化以后，整个环境就已经固定下来，不允许再进行企业（机构）的增加和减少，因此在初始化之前一定要确保企业（机构）数量能够满足整个实训的正常进行，为了避免出现突发情况，建议在添加企业时多添加几家，比如在本次环境中添加15家制造企业、8家贸易企业和8家原材料供应商。

另外需要说明的是命名为"2017级金本1班和2班"的环境，针对的是120人（一般是两个班级）参加实训的情况下的设计。如果实训人数有240人，实训环境里面人数过多，会增加实训管理难度，降低实训效率，这时需要划分为两个单独的实训环境，我们称之为"环境一"和"环境二"，以便更好地进行实训管理。

2.1.2 系统产品设计

在整个实训课程中，最终出现在交易市场上的产品有4种，分别是L型、H型、O型和S型，其中每个类型的产品细分为A、B两个系列。即在终端交易的市场上有L型、H型、O型、S型4种类型商品可以买卖，价格不一样；每个类型的商品又分两个系列，成本不一样但是售价一样。具体数据参考表1-2。

表1-2 产品市场参考价格和库存成本

产品名称	市场参考价格（元）	库存成本（元/件·季度）
L型	4 000	100
H型	6 000	150
O型	9 000	150
S型	12 000	150

2.1.3 市场预测趋势图

在系统模拟经营的期间，我们设计了10个运营周期，每一个周期为一个季度，在10个周期内，各产品的生命周期发展不同，市场需求情况不同。具体如图1-4所示。

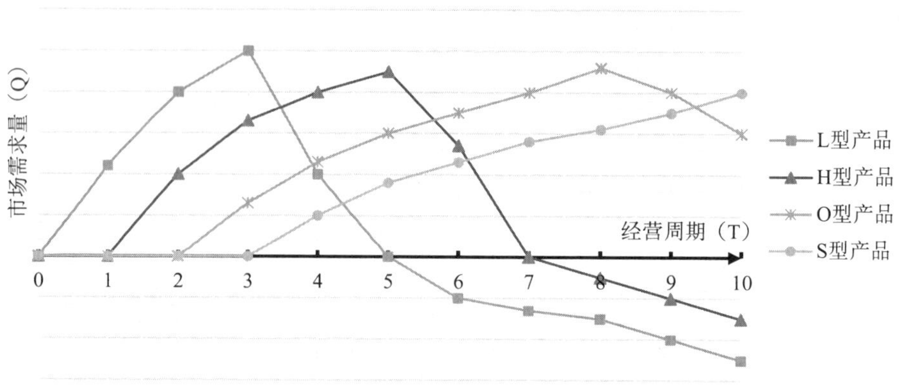

图 1-4 产品市场需求预测趋势

从图 1-4 中我们可以看出：

（1）L 产品在第 1 季度就可以进行生产，在第 2 季度形成真实的市场需求，随后经历成长期、成熟期和衰退期。

（2）H 产品经过 1 个季度的研发，在研发策略合理的情况下，第 2 季度就可以进行生产，在第 3 季度形成真实的市场需求，进入市场快速成长期。

（3）O 产品经历了开发期、导入期、成长期、成熟期，在第 3 季度研发成功，市场需求开始出现，并逐步增加，在模拟经营的后期它正处于盈利的高峰期。

（4）S 产品在第 4 季度研发成功，一直处于成长期，后期会成为主要盈利产品。

因此，各个制造企业、原料供应商和贸易企业需要根据各产品的发展状态和市场需求情况，灵活调整目标产品和目标市场。

2.1.4 市场销售区域

商务环境模拟具有一定竞争性的“买”方市场，即各期产品市场总需求略小于市场总供给。其中，“买”方由系统模拟，“卖”方由模拟的若干家制造企业和贸易企业组成，在本实训中，贸易企业在里面占据主导地位，从制造企业手里收购产品再卖给市场。

此外，全部市场划分为沈阳、大连、北京、武汉、成都、深圳等六个国内城市和亚洲国际分市场，只要满足市场进入条件就可以进入该市场，参与市场竞单，并进行产品销售。

2.2 商务决策依据

在整个商务决策综合实训中，有 25 家核心企业和 4 家外围服务机构，其中 25 家核心企业有 13 家制造企业、6 家贸易企业和 6 家原材料供应商，外围服务机构有 1 家市场监督管理局、1 家税务局、1 家商业银行和 1 家媒体公司，根据商务环境中不同主体承担的社会角色和职能，形成制订商务决策的依据。

2.2.1 核心企业

核心企业作为社会财富的制造者和市场竞争主体，既要采取合理的共赢战略创造市场需求，比如制造企业、原材料供应商和贸易企业之间通过合作发展共同培育系统市场，因为市场的需求来源于制造企业的产量；也要争取在市场竞争中获取更多的利润，比如先于对手通过技术创新以占据新市场。因此，企业可以根据商务环境不同的发展阶段，制订不同的企业决策。

核心企业决策的基本逻辑就是企业以利润最大化为最终目标：

$$\pi_{max} = P \times Q - C \qquad \text{（公式 1－1）}$$

可见，利润 π 受到出售商品价格 P、销量 Q、成本 C 影响，而 C 又与 Q 以及相应的原材料、人工等生产要素成本以及相应的销售费用、广告费用等财务支出有关；P 与企业自身销量 Q、市场需求以及竞争对手实力密切相关。可见，企业决策是一个复杂而系统的工程。

为了实现企业的利润最大化，我们结合市场预测趋势图，把课程实训的 10 个季度分为三个阶段：第 1—4 季度为企业初创期、第 5—7 季度为企业成长期、第 8—10 季度为企业成熟期。具体如表 1－3 所示。

表 1－3　　企业不同阶段规划

成长阶段	季度区间	划分依据	发展重心	关键指标
初创期	第 1—4 季度	L 需求达到顶峰	内部资源整合为主	Q、C
成长期	第 5—7 季度	L 退出市场，H 需求达到顶峰并迅速衰退、O 快速成长	形成战略联盟	P
成熟期	第 8—10 季度	H 退出市场、市场需求以 O、S 为主	获取最大利润、企业健康发展	Q、C、P

（1）初创期分析。根据我们初始状态设置，所有核心企业初创期只有现金，即贸易企业有 2 000 万元、制造企业有 1 000 万元、原材料供应商有 500 万元。因此初创期的战略规划应该以资源整合为主，即如何把资金变成适合企业发展的各种资源，比如结合商业环境，购买厂区、厂房、仓库、生产线、原材料，招聘人员，认证资质，投放广告，最终形成各具特色的贸易企业、制造企业和原材料供应商。

在确定企业发展定位的基础上，贸易企业以商品买卖为主，制造企业以产品生产为主，原材料企业以原料供给为主。形成原材料企业和制造企业的合作与竞争关系、制造企业和贸易企业的合作与竞争关系后，各类型企业为了实现自身企业的利润最大化，会提升价格，扩大销量。为了协调他们之间的矛盾，建议各个企业采取降低成本（C）、扩大产量（Q）的合作共赢策略。

（2）成长期分析。经过 4 个季度的经营，制造企业和原材料供应企业已经完成企业的各项战略，具备了新产品的生产资质并达到了一定生产规模的生产条件，培育了稳定的合作伙伴，可以保证企业正常运转，甚至个别的企业还有一定的盈利，接下来企业会进入快速发展期。

在第 5—7 季度企业成长期，同样各类型的企业也存在合作与竞争的关系。随着市场上商品供给规模的增加，会产生原材料供应商之间、制造企业之间、贸易企业之间的竞争和矛盾，这是因为企业为了促进自身的成长，与各方争利。为了促进整个环境的稳定发展，企业之间要适当进行让利，关注的重点变成商品价格（P），企业之间会从单纯的对抗性竞争转向合作性的竞争，也就是我们常说的双赢。

（3）成熟期分析。经过 7 个季度的环境运营，整个环境基本上处于明朗化状态，所有企业的运营状况变得更加透明，基本上不存在商业机密，企业的市场地位相对稳固，不同企业之间也形成了相对稳定的供应链同盟，企业经营思路相对成熟，对未来的发展运营基本定型，企业发展进入成熟期。

在第 8—10 季度的成熟期中，企业更关注自身的健康、可持续性发展，希望能找到企业利润新的增长点。为了更好地实现利润最大化，企业一是保证企业产品形成规模效应，达到一定的产量；二是保证内部成本的最优化配置，降低企业各项投入成本；三是和各方合作商谈尽可能提高价格，保证获得利润最大。

2.2.2 商务服务机构

（1）市场监督管理局。市场监督管理局是政府部门的行政代表之一，主要目的是维护整个商业环境的公平、公正和稳定。在模拟商务环境中市场监督管理局为了保证所有核心企业依法经营，主要的决策依据有四个方面。

第一，注册。严格按照环境中的要求指导核心企业完成注册任务，准确发放工商营业执照。

第二，年检。严格按照环境要求指导核心企业按照规定每年进行工商年检申报，并负责进行审核。

第三，监督。严格按照环境设置市场规则，对整个环境中所有核心企业进行日常检查和询问，确保所有业务在环境市场的规则允许范围之内，一旦出现违反操作，市场监督管理局有权进行行政处罚。

第四，统计。市场监督管理局每期汇总所有制造企业在本期的计划生产量和实际生产量。

（2）税务局。税务局作为政府部门的税务代表，主要目的是维护国家的税收利益不受侵犯，严格按照各项税收政策进行征收。在模拟商务环境中，税务局主要的决策依据有三个方面。

第一，税收政策。按照国家政策规定制定增值税、企业所得税、城市维护建设税、教育费附加等税种。

第二，审核报表。按照记账凭证审核核心企业的每期财务报表：资产负债表和利润表。

第三，税务申报及缴纳统计。按照税收政策按时要求核心企业完成税务申报和税费缴纳额统计。

（3）商业银行。商业银行作为金融业代表，主要目的是在保证银行自身利润的基础上给核心企业提供资金支持，帮助其快速发展。在模拟商务环境中商业银行主要的决策依据有三个方面。

第一，制订贷款政策。按照国家政策规定制定权益贷款政策和抵押贷款政策。

第二，制订贷款标准流程。按照模拟商务环境制定贷款流程。

第三，进行贷款统计和利润核算，按照企业经营阶段进行贷款统计和利润核算。

（4）媒体公司。媒体公司作为模拟环境中的传媒代表，主要任务是向所有企业传达模拟商业环境中的重要信息，披露环境中企业经营过程中存在的主要问题，引导企业健康发展。在模拟商务环境中媒体公司主要的决策依据有三个方面。

第一，公众号“推文”。在媒体公众号上每天发表一篇推文。

第二，商业报纸。结合实训情况每天编辑一份商业报纸。

第三，实训视频。根据整个课程实训，设计一个实训总结汇报视频。

2.3　商务环境岗位及职责

在课程实施中，核心企业包括原材料供应商、制造企业、贸易企业。原材料供应商处于供应链的上游，是为制造企业提供生产所需原材料的组织，制造企业是从事工业生产经营活动或提供工业性劳务的经济组织，贸易企业一般指从事货物和劳务交易的企业，其业务范围包括购买、销售和其他。

2.3.1　制造企业/原材料供应商

总经理岗位职责：制订发展战略、竞争格局分析、经营指标确定、业务策略制定、全面预算管理、管理团队协同、企业绩效分析、业绩考评管理、管理授权与总结。

财务主管岗位职责：日常财务记账和登账、向税务部门报税、提供财务报表、日常现金管理、企业融资策略制订、成本费用控制、资金调度与风险管理、财务制度与风险管理、财务分析与协助决策。

营销主管岗位职责：提供市场调查分析、市场进入策略、品种发展策略、广告宣传策略，制订销售计划、争取订单与谈判、签订合同与过程控制、按时发货与应收款管理、销售绩效分析。

生产主管岗位职责：产品研发管理、管理体系认证、固定资产投资、编制生产计划、平衡生产能力、生产车间管理、产品质量保证、成品库存管理、产品外协管理。

采购主管岗位职责：编制采购计划、与供应商谈判、签订采购合同、监控采购过程、到货验收、仓储管理、采购支付决择、与财务部协调、与生产部协作。

2.3.2　贸易企业

总经理岗位职责：制订发展战略、竞争格局分析、经营指标确定、业务策略制订、全面预算管理、管理团队协同、企业绩效分析、业绩考评管理、管理授权与总结。

财务主管岗位职责：日常财务记账和登账、向税务部门报税、提供财务报表、日常现金管理、企业融资策略制订、成本费用控制、资金调度与风险管理、财务制度与风险管理、财务分析与协助决策。

营销主管岗位职责：提供市场调查分析、市场进入策略、品种发展策略、广告宣传策略，制订销售计划、争取订单与谈判、签订合同与过程控制、按时发货应收款管理、销售绩效分析。

采购主管岗位职责：编制采购计划、与供应商谈判、签订采购合同、监控采购过程、到货验收、仓储管理、制订采购支付决策、与财务部协调、与生产部协作。

核心企业的岗位要求如表 1－4 所示。

表 1－4　　核心企业的岗位要求

岗位名称	最低工作标准
总经理	1. 制订企业 1—10 季度战略规划。 2. 完成本企业 1—10 季度企业经营，绩效达到标准。 3. 完成本企业 1—10 季度经营总结。
财务主管	1. 制订财务部门 1—10 季度战略规划。 2. 完成 1—10 季度财务报表填报，绩效达到标准。 3. 完成财务部门经营总结。
销售主管	1. 制订销售部门 1—10 季度战略规划。 2. 完成 1—10 季度销售规划，绩效达到标准。 3. 完成销售部门经营总结。
生产主管	1. 制订生产部门 1—10 季度战略规划。 2. 完成 1—10 季度生产规划，绩效达到标准。 3. 完成生产部门经营总结。
采购主管	1. 制订采购部门 1—10 季度战略规划。 2. 完成 1—10 季度采购规划，绩效达到标准。 3. 完成采购部门经营总结。

2.3.3　市场监督管理局

市场监督管理局是政府进行市场监管和行政执法的工作部门，其具体职责主要包括：负责各类企业的登记注册并监督管理，承担依法查处取缔无照经营的责任；承担依法规范和维护各类市场经营秩序的责任，负责监督管理市场交易行为；指导消费者咨询、申诉、举报，保护经营者、消费者合法权益；负责整治“垄断协议、滥用市场支配地位、滥用行政权力”，排除限制竞争等方面的反垄断执法工作（价格垄断行为除外）；依法查处不正当竞争、商业贿赂等经济违法行为。基于此，在模拟商务环境内，市场监督管理局的岗位设置和分工如下。

市场监督管理局局长岗位职责：制订管理制度、制订考核方案、制订工作计划、制订商评方案、定期宣传法规、管理与总结。

专员岗位职责：企业注册登记、指导商标注册、申诉受理、日常工作总结。

年检专员岗位职责：日常工商检查、企业工商年检、市场监督、日常工作总结。

2.3.4　税务局

税务局是主管税收工作的政府机构。其主要职责包括贯彻执行国家税收工作的方针、政策和各项税收法律、法规和规章，研究制订地方各税、费征收管理实施办法、细则和规定；检查监督各部门、各单位和各级地方税务机关贯彻执行税收法律、法规和规章的情况；负责地方税务局征收的税种和地方国有企业所得税的征收管理工作，负责集体企业所得税汇算清缴和集体企业、私营企业的财务管理工作；负责汇总编报地税系统税收计划以及税收会计、统计报表工作；组织实施税收征收管理体制改革，制订征收和票证管理制度并检查监督制度的落实等。在课程内，税务局的岗位设置和分工如下所示。

税务局长岗位职责：制订管理制度、制订考核方案、制订工作计划、宣传税收政策、定期宣传法规、管理与总结。

设立专员岗位职责：企业注册登记、企业纳税监督、企业税务指导、日常工作总结。

纳税专员岗位职责：税款征收、税务审查、减免税款办理、日常工作总结。

2.3.5 商业银行

商业银行是银行的一种类型，职责是通过存款、贷款、汇兑、储蓄等业务，承担信用中介的金融机构。主要的业务范围是吸收公众存款、发放贷款以及办理票据贴现等。一般的商业银行没有货币的发行权，其传统业务主要集中在经营存款和贷款业务。自2014年8月1日起免收个人客户账户管理费、年费和养老金异地取款手续费，并降低部分收费标准。个人跨行柜台转账汇款手续费最高50元封顶，对公跨行柜台转账汇款手续费200元封顶。基于此，在模拟商务环境内，商业银行的岗位设置和分工如下所示。

银行行长岗位职责：制定发展战略、分析金融政策、确定经营指标、制订业务策略、制订管理制度、分析企业绩效、管理业绩考评、管理授权与总结。

贷款专员岗位职责：进行信贷调查、洽谈贷款业务、管理账户信用、贷款业务、还款业务、日常工作总结。

柜台专员岗位职责：日常业务办理、转账业务、结算业务、业务咨询、日常工作总结。

市场监管、税务、银行这三类服务机构的岗位要求如表1-5所示。

表1-5 市场监管、税务、银行的岗位要求

岗位名称	最低工作标准	备注
局长（行长）	1. 编制机构职能管理制度。 2. 辅助核心企业完成工商注册。 3. 统计核心企业1—10季度职能数据。 4. 完成本机构1—10季度运营总结。	外围机构有市场监督管理局、税务局和商业银行，其中市场监督管理局统计企业生产数据，税务局统计已缴纳税额，商业银行统计贷款数据。
日常专员	1. 辅助核心企业完成工商注册。 2. 统计核心企业1—10季度职能数据。 3. 完成本岗位1—10季度运营总结。	
财务专员	1. 辅助核心企业完成工商注册。 2. 统计核心企业1—10季度职能数据。 3. 完成本岗位1—10季度运营总结。	

2.3.6 媒体公司

在课程实训中，媒体公司要对各个企业发生的新闻事件进行采访，针对客观事物的本

质进行深化报道，最终完成相关的新闻任务。基于此，在课程内，新媒体的岗位设置和分工如下所示。

总经理岗位职责：制订发展战略、制订服务价格、确定经营指标、制订管理制度、分析企业绩效、管理业绩考评、管理授权与总结。

记者岗位职责：采访企业、收集信息、公布消息、组织活动、采集素材、日常工作总结。

编辑岗位职责：编辑出版期刊、进行后期制作、编写脚本、提供技术支持、日常工作总结。

媒体公司的岗位要求如表 1－6 所示。

表 1－6　　媒体公司的岗位要求

岗位名称	最低岗位标准	备注
总经理	1. 完成开课新闻报道。 2. 完成结课新闻报道。 3. 和教师完成对接及时发布咨询引导企业发展。 4. 完成本企业 1—10 季度运营总结。	媒体公司属于旁观者，能够更加客观、真实地报道各种实际情况，引领商业发展趋势。
记者专员	1. 完成开课新闻采访。 2. 完成结课新闻采访。 3. 完成本岗位 1—10 季度运营总结。	
编辑专员	1. 完成开课新闻编辑。 2. 完成结课新闻编辑。 3. 完成本岗位 1—10 季度运营总结。	

随堂练

一、选择题

1. 商务决策系统中，主要分为（　　）和（　　）两个类型。

A. 核心企业　　B. 商务服务机构

C. 制造企业　　D. 其他

2. 商务环境中的核心企业有（　　）。

A. 制造企业　　B. 原材料供应商

C. 贸易企业　　D. 媒体公司

3. 商务环境中的商务服务机构有（　　）。

A. 市场监督管理局　　B. 税务局

C. 商业银行　　D. 媒体公司

4. 本实训系统中，制造企业有（　　）个职能岗位。

A. 5　　B. 4

C. 3　　D. 7

5. 除了媒体公司之外的商务服务机构有（　　）个职能岗位。

A. 5　　B. 4

C. 3　　D. 2

二、判断题

1. 核心企业的商业决策目标是利润最大化。（　　）

2. 核心企业的发展阶段划分为初创期、成长期、成熟期和衰退期。（　　）

参考答案：

一、选择题 1. AB　2. ABC　3. ABCD　4. A　5. C

二、判断题 1. T　2. F

任务3 商务决策课程实施

3.1 课程实施流程

本课程教学活动结合当前各高校跨专业综合实训的授课现状和学生就业创业需求而设计，包括竞聘上岗、企业创建、团队分工、工商注册、海报设计、经营对抗、经营总结等实验活动，并运用微信强化了教学信息的传播速度和沟通效果，增加了学生和教师、学生和学生的互动性，使整个实训以学生为主体、教师为引导的方式开展，多种实验活动既能对学生进行团队训练。又能对学生进行典型岗位的专业训练。具体课程设计思路如表1－7所示。

表1－7　　课程实施流程

序号	实验项目	实验要求	实验类型
1	商务决策认知	必修	综合型
2	商务环境构建	必修	设计型
3	商务决策设计	必修	演示型
4	商务决策对抗	必修	综合性
5	商务决策总结	必修	综合性

3.1.1 商务决策认知

在商务决策认知环节，首先介绍商务环境的课程环境、平台实施环境和培养目标，让学生了解商务决策的基本环境和软件平台；其次介绍商务环境的构建，了解商务环境的核心是系统整体框架、主要产品、市场变化趋势和市场销售区域等；再次分析商务环境的决策依据，主要包括核心企业初创期、成长期和成熟期的决策重点和决策策略；最后，学生通过在商务环境中的制造企业、贸易企业和原材料供应商、市场监督管理局、税务局、商业银行和媒体公司的岗位分工，明确各自的职责和岗位工作要求。

此外，还应明确商务决策这门课程的实施流程、课程进度和课程考核，使学生在了解课程的目的、内容、时间安排、组织形式、实训要求、实训考核等内容情况下，理解商业环境决策综合实训的意义，明确综合实训的核心是整个商业环境的商务决策和商务决策数据模型分析，最终学会在复杂的商业环境中进行各项商务活动，提升他们的综合能力和修养，为以后的工作和学习打下坚实的基础。

3.1.2 商务环境构建

商务环境注册环节属于商务环境的创设阶段，是在学生掌握商务决策的基本情况之后开始启动的线下实体活动和线上虚拟活动。其中线下实体活动有竞选各企业（机构）CEO，招聘企业（机构）员工、设计企业名称和海报、企业（机构）信息登记；线上虚拟活动有企业（机构）成员商务环境账号注册、企业名称预先核准申请书、名称预先核准申请书、投资人名录、内资公司设立登记申请书、法人代表以及监理等信息表、机构信用代码申请表和开立单位结算账户申请书等工商注册、企业税务登记和银行开户活动。最后在软件平台上完成25家核心企业和3家商务服务机构的所有商务环境注册工作，媒体公司在商务注册环节只有线下的实体活动，没有线上平台的虚拟活动。

通过本环节的练习，可以培养学生简历设计、就业应聘、团队组建、企业的设立等基本就业能力和专业素养，完成综合实训平台的商务环境注册任务，也为后面的商务决策做好准备。

3.1.3 商务决策设计

商务决策设计环节属于商务环境的战略规划阶段，学生在完成商务环境的创设以后，就开始进入商务决策平台，熟悉平台的各项运营规则，结合自身在商务环境中的角色分工。核心企业结合决策模型进行相关变量P、Q和C的分析，结合商务决策依据进行初创期、成长期和成熟期战略设计；商务服务机构则针对核心企业战略设计和制订针对性服务策略。

在本环节练习中，参与核心企业岗位模拟的学生应养成以销定产、以需定产的决策习惯，体验完整的商务决策流程，再结合核心企业不同部门的商务决策运营规则，完成核心企业各部门的战略决策设计。参与商务服务机构模拟的学生通过认真学习和讨论，应以商务决策依据为指导制订出各项服务制度和核心企业服务计划，最终完成整个商务决策的设计活动。

3.1.4 商务决策实施

商务决策执行属于商务决策的执行阶段，在学生完成商务决策设计以后，就开始商务决策的实施阶段，将决策付诸行动，全面浸入式体验整个商务决策的每个细节、每项任务和每个阶段。在保证实现决策目标的前提下，养成商务决策的思考、规划、制定、执行和不断验证的习惯。

通过本环节的练习，学生应能够编制10个季度的企业战略规划，能够针对市场需求进行市场分析和营销策略制定，针对生产现状编制企业的生产计划和研发计划，针对生产计划编制采购计划，并掌握企业的现金流量表、利润表、资产负债表的编制工作，最终形成在复杂商务环境下的综合分析能力、制定决策能力、综合执行能力以及企业发展各阶段所需的创业能力。

3.1.5 商务决策总结

商务环境总结属于商务决策的总结评价阶段，在学生完成为期10个周期的商务决策以后，需要学生认真反思，结合商务决策岗位进行提炼：从岗位层面结合实训企业岗位进行就业工作能力总结，从企业层面结合企业其他部门分工进行部门协作分工总结，从商务环境层面结合企业竞争对手、合作伙伴和外围机构进行整个商业环境的总结。

通过本实验项目的练习，要求学生能够根据10个季度跨专业模拟经营过程进行总结和反思，能够结合对应企业（机构）的管理团队的经营成果进行具体分析，从而培养学生针对实际岗位撰写工作日志的能力、工作过程分析的能力和工作总结能力。

3.2 课程进度

为了保证课程实训流程的有效进行，我们采用了为期一周的全封闭式实训，时间跨度为周一到周日，共64学时，具体教学进度安排如表1-8所示。

表1-8　课程进度表

序号	实训任务	计划学时	实验类型	是否分组	备注
1	实训动员会	2	演示	否	必须使用投影仪教学设备。
2	决策模型和规则	2	演示	否	帮助学生构建决策思路。
3	各组织机构领导者竞聘和选拔	2	设计	是	企业（机构）组成员必须来自不同班级。
4	平台注册	4	验证	是	市场监督管理局、税务局、商业银行组提前获取资料。
5	模拟经营操作演示	2	演示	是	熟悉运营环境和规则，试运营1—3个季度，并学会报税、交税、年检。
7	试运营——1—3季度	7	综合	是	
8	试运营总结	3	综合	是	
9	经营对抗1—2季度	6	综合	是	每季末上交利润表和资产负债表，以下同。
10	经营对抗3—4季度	8	综合	是	第3季度初申报1—2季度的税。
11	经营对抗运营5季度	4	综合	是	召开第1年运营总结大会，并进行第1年的年检和交税。
12	经营对抗6—7季度	8	综合	是	第7季度初报5—6季度的税。
13	经营对抗8—9季度	8	综合	是	第9季度初进行第2年的年检和交税。
14	经营对抗10季度	2	综合	是	完成整个运营对抗，第10季度末交税。
15	实训经营成果总结大会	4	综合	是	每组准备汇报PPT，上交实训资料。
16	采集数据、完成实验报告	2	设计	是	打印上交实验报告和各种纸质运营材料。

3.3 课程考核

本课程有别于传统的理论知识灌输，重点在于培养学生在相对复杂的商业环境中能够根据决策模型进行一系列的商务决策，按照商务决策的逻辑思考、规划、设计、执行、验证企业运营过程，全面参与企业的成长和发展，从而实现对学生专业知识应用能力、综合实践能力、协作共赢能力、判断决策能力和创新能力的全面训练，激发学生的创业热情。课程理论结合实践，更注重实践环节的体验与训练，因此课程的成绩也以过程性考核和结果性考核相结合的综合评定方式评价。

3.3.1 日常考核

日常考核成绩占总成绩的10%，包括日常考勤和课堂纪律两方面，其中考勤次数不得低于四次，应写明日期，迟到扣10分，早退扣10分，旷课扣30分，事假扣5分，医院批准的病假不扣分。课堂纪律主要根据随堂巡视，视情况进行考核。

3.3.2 实操成绩

实操成绩包括工商注册和实操对抗两部分。工商注册成绩占总成绩的20%，主要检验是否完全理解了各项企业创办注册流程。综合实操成绩占总成绩的40%，主要分两类进行打分。一是针对核心企业打分，根据经营对抗最终成果，即股东权益（占60%）和已交税金（占40%）计算出最终结果排名打分，并折合成优秀（90—100分）、良好（80—89分）、及格（60—79分）和不及格（59分及以下）四个级别；二是针对外围机构打分，即市场监管、税务、银行和媒体四家机构，由核心企业组的CEO和教师给每家服务机构进行打分排序，分为优秀（90—100分）、良好（80—89分）、及格（60—79分）和不及格（59分及以下）四个级别。

3.3.3 实验报告

实验报告（见后面讲解）占总成绩的30%，也是非常重要的评分项目。实验报告里面应包含整个实训过程中所有的实训任务，全程体现整个实训的内容和要求，通过实验报告可以检验参与实训的学生是否对课程有一个系统深刻的认识与体会。

延伸阅读1-3

课程考核

一、常见实训课程的考核类型

为了顺利地进行商务环境中的各项决策和实训任务，需要进一步了解和掌握对实训课程考核，实训课程考核的具体实施有以下几种：从考核对象来说，有个人考核和团队考核；从考核时间来看，有过程性考核和结果性考核。

1. 从考核对象来看

个人考核是根据个人在整个实训课程中的具体表现进行打分。实验课成绩的考评和常见的理论课打分相似，操作相对简单，容易控制。但是个人考核在实训课程中很难准确反映学生的整体表现，主观性较强，有不足之处。

团队考核是以小组为单位的打分方式，实训课中常见。针对整个团队在实训课程中的不同表现进行打分，能够较为客观地反映团队在整个实训中的作用和贡献，考核成绩相对客观，但是团队内部容易出现“搭便车”现象。

总之，个人考核和团队考核两者均有优势和劣势，应该结合实际情况，结合二者的优势进行优化。

2. 从考核时间来看

过程性考核是对学生学习过程进行全面考核，是对学生学习知识过程和综合应用能力形成过程进行监督和评价，给学生创造了较多的展示自我、体验成功的机会，能够激发学生的学习动力，促进学生对学习过程的理解与注重，增加学习的自信心，增强了学习的自主性，提高自学能力，帮助学生发现自身在学习中的不足，在实训课程中获得全面提升。但是过程性考核过程中会出现很多个别情况，无法进行客观公正的全面评价。

结果性考核是根据实训课程的结果进行打分。随着项目教学法在实训课程中的应用越来越广，绝大部分实训课程都是分成几个具体实训项目展开的。这样的考核结果很容易控制，能进行量化，相对客观、公正，针对实训考核的标准也就越来越规范。但是结果性考核很容易限制学生的发挥。

《教育部关于深化本科教育教学改革 全面提高人才培养质量的意见》（教高〔2019〕6号）中明确指出，完善过程性考核与结果性考核有机结合的学业考评制度。因此在本课程中，我们采取了两种考核相结合的办法。

二、商务决策综合实训课程考核标准

1. 考核目的及方式

为了保障教学品质，让学生通过课程掌握相关知识技能，本课程的考核方案规定如下。

考核内容：学生出勤情况、学生企业注册过程、学生实操过程、实训结果。

考核形式：签到、抽查、企业经营成果、实验报告。

考核标准：学生出勤占10%、学生企业注册占20%、学生实训过程占40%、实训结果占30%。

成绩应用：90—100分为优秀、80—89分为良好、60—79分为合格、59分及以下为不合格。成绩不合格者重修本门课程。

2. 考核内容及要求

（1）学生出勤情况。以任课教师每日检查和抽查为主；以组为单位，各组组长应及时准确上报本组每次课的出勤情况。

（2）学生企业注册。在进行实训中学生要先完成企业注册任务，主要分为工商登记、税务登记和银行开户三个任务，根据企业注册过程中出现的情况进行考核。

（3）学生实训过程。学生实训过程由企业注册和综合实操对抗两部分构成。在实训过程中，应做到以下几点：

认真：认真听取老师讲解，认真做好笔记，参与讨论态度认真；

积极：积极发言，积极参与讨论与交流；

自信：大胆提出想法，大胆尝试并表达自己的想法；

善于与人合作：有团队合作精神，虚心听取别人的意见；

思路清晰：有计划，解决问题的思路清晰，能有条理地表达自己的意见。

（4）实训报告。在跨专业管理软件平台上做10个季度的企业模拟经营对抗；依据实验数据认真填写“跨专业综合实训”实验报告，严禁抄袭；要求在结束实验实训运营的第二周上交实验报告。

思考题

1. 商务决策环境由哪些企业（机构）组成？他们的作用和地位如何？
2. 商务决策的依据有哪些？
3. 商务决策综合实训如何开展？每个阶段的主要任务是什么？

实训环节

商业决策认知实训

一、实验目的

1. 了解实训的目的、内容、时间安排、组织形式、实训要求、实训考核等内容。
2. 通过实训动员使学生理解实训的意义和作用。
3. 了解商务决策综合实训平台的系统构成、商务决策依据和商务环境岗位设置。

二、实验内容

1. 学习商务决策综合实训：商业环境、实训总体设计思路和实施流程、时间安排、组织形式、实训要求、实训考核、注意事项等。

2. 了解综合实训平台：制造企业、原料材料供应商、贸易企业、市场监督管理局、税务局、银行等岗位职能分工。

3. 撰写课程认知总结表1-9。

表1-9　课程认知

商业环境决策综合实训课程简介	
商业环境决策主体认知：（核心企业和商务服务机构）	

项目 2
商务环境构建

项目架构图

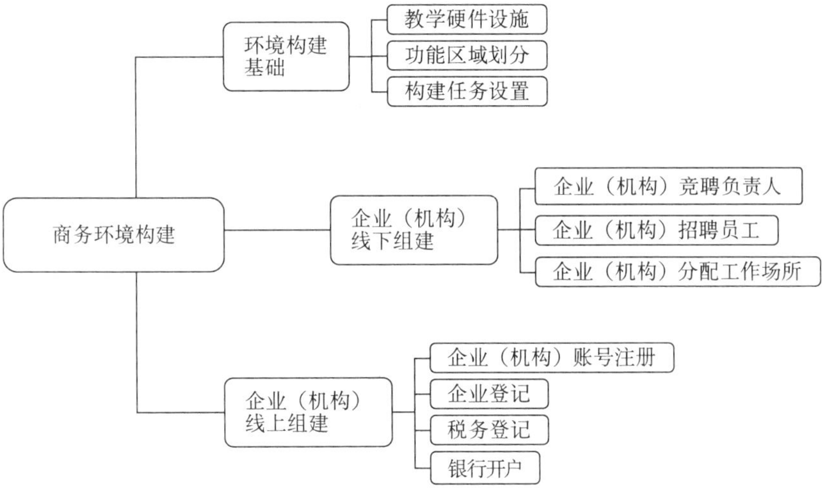

课堂导入

团队的力量

管理学家斯蒂芬·P. 罗宾斯认为团队（Team）是由两个或者两个以上的，相互作用、相互依赖的个体，为了特定目标而按照一定规则结合在一起的组织。

曾经有位哲人说过：如果你有一个苹果，我也有一个苹果，两个苹果交换后，每人仍然只有一个苹果。但是，如果你有一种能力，我也有一种能力，两人交换的结果，就不再是一种能力了。一加一等于二，这是人人都知道的算术题，可是用在人与人的团结合作上，所创造的业绩就很可能是远大于二。在一个团队中，每个成员的优缺点都各不相同，当团队成员在积极寻找团队中其他成员的优秀品质，并且向其他成员学习的同时，也是在提升自己的能力和品质，发现自己的潜能。有实验证明，同等时间内，以 V 字形飞行的雁群比独雁能多飞 72% 的距离。原因是为首的雁在前头开路，能帮助左右两边的雁造成空气由前向后流动，减少飞行的阻力，使每只大雁都能顺利到达目的地。这向我们揭示了一个深刻的道理：团队合作往往是双赢或多赢的结果。

课堂分享

邀请几个同学结合个人体会分享其对团队的理解和看法，尤其要结合当今的大学生创业团队来发表个人观点。

本课程中，总共划分为30个左右的小团队，共同完成商务环境中为期10个周期的各项决策。在运营过程中，需要30个小团队在保证商务环境稳定运转的前提下，实现各自的企业（机构）的经营目标，这就需要参加实训的每一个学生都能在团队中快速找到自己的定位，发挥特长，实现课程培养目标。

实训目标

1. 掌握实训课程的教学设施和功能区域划分；
2. 完成线下团队的组建过程，认同团队的重要性与团队管理；
3. 掌握并体验线上账号注册、企业登记、税务登记、银行开户等企业成立的前期准备；
4. 在整个环境构建环节体验团队分工与合作、沟通与交流。

价值引领目标

1. 通过学生分享，加深个体对团队的理解，通过一系列线下和线上团队活动，树立学生的集体荣誉感，加强学生的集体观念；
2. 通过分工与合作，强化学生的沟通能力和交流能力。

任务1　环境构建基础

1.1　教学设施

1.1.1　教学硬件

本实训课程的开展需要一定的硬件设施。需要具备至少能同时容纳整个团队上课的多个教室，适用于不同企业（机构）办公的专属办公场所，保证每个上课学生一人一台计算机，还有为了保证实训顺利开展的其他设备，具体安排如表2－1所示。

表2－1　教室设置一览表

序号	教室设置	计算机（台）	其他硬件
1	企业经营中心	根据模拟企业数量和员工数量设置	投影仪、白板
2	政务服务区	32	公告板
3	第三方服务区	16	展板
4	会议室	1	投影仪
5	教师指导室	4	打印机

本实训教程是基于北京方宇博业科技有限公司研发的"跨专业综合实训平台 V5.0"编写的。该公司成立于 2001 年，是一家以为中国高校实践教学提供优质服务为目标，依托信息技术创新人才培养模式，为高校提供特色教学解决方案、人才培养基地建设规划、平台运营与教学实施等服务的公司。"跨专业综合实训平台"由该公司于 2008 年推出，遵循跨专业综合实训理念，是一个从真实的商业社会角度出发，引进制造型企业经营理念、上下游业务关系、配套的现代服务业环境，将服务业与制造业协同、供应链竞合，生产业务链、流通业务链、资金业务链高度整合的网状仿真综合实习平台，用于培养学生的综合商务决策能力。

1.2　功能区域划分

在正式实训中，不同专业的班级分为两个实训环境，这是为了保证参加实训的企业在数量上有一定规模，学生能充分体验企业间对抗的激烈程度，又不至于因企业数量过多，教师难以管控、实训进度拖沓。

根据实训内容及要求，实训场所可划分为几个区域，各个区域的功能定位如表 2－2 所示。其中企业经营中心是核心企业的经营场所，核心企业包括原材料供应商、制造企业和贸易企业，数量最多。外围机构中的市场监督管理局、税务局、商业银行属于行政服务机构，因此把政务服务区划为其办公场所。第三方服务区根据实训内容，可以安排媒体公司、物流公司等在此办公。会议室是多功能的，学生在实训期间如需进行商务谈判可以在此进行，同时课程总结、小组成果展示都可在此进行。教师指导室可以作为教师的办公室，教师在此向企业（机构）单独安排任务，解答实训中问题，进行系统平台后台的操控等，同时也是实训课程资料、物品和器材的存放地点。

表 2－2　功能区域划分及定位

序号	区域	区域功能定位	备注
1	企业经营中心	原材料供应商、制造企业和贸易企业的办公场所	原则上原材料供应商、贸易企业和制造企业的数量比例保持为 1:1:2（或 3）
2	政务服务区	市场监督管理局、税务局、商业银行的办公场所	
3	第三方服务区	媒体公司、物流公司、会计事务所等的办公场所	
4	会议室	企业商务谈判、讨论、总结的场所	
5	教师指导室	教师的工作场所	

1.3　运营环境构建

运营环境构建是整个实训课程的基础，通过"项目 1　商务决策认知"的学习，学生基本上能够了解自身的实训定位，在商务环境中找到适合自己的实训岗位，从 CEO、财务主管、生产主管、市场主管、销售主管、采购主管这些岗位中选择一个，并加入到一个企业。

为了让学生有逐渐适应的过程，首先进行相对简单的线下活动，从竞聘 CEO、招聘员工和确定工作场所三个活动来逐步加深学生对团队成员的熟悉和了解；其次，从实训软件角度出发，线上开展账号注册、工商登记、税务登记、银行开户等活动来逐步加深学生对实训软件环境的熟悉和了解。

1.3.1 线下活动

线下活动主要分为竞聘 CEO、招聘员工和确定工作场所三个环节，其中竞聘 CEO 是前导活动，在确定 CEO 的基础上，由 CEO 配合教师顺利开展企业招聘和确定工作场所两个后续活动。竞聘 CEO 环节主要包括申报候选人、现场演讲、现场投票三个活动。招聘员工则由各个 CEO 负责，根据实训环境设置，原材料供应商需招聘财务主管、生产主管、采购主管 3 个岗位；制造企业招聘财务主管、生产主管、采购主管、销售主管 4 个岗位；贸易企业招聘财务主管、市场主管 2 个岗位，其他商务服务机构则按照环境设置招聘相应数量的专员若干。所有企业招聘完成以后，按照功能区域划分，各企业分别入驻自己的办公场所。

1.3.2 线上活动

线上活动的主要作用是把所有学生团队组成的企业（机构）虚拟数据化到课程实训平台上，利用实训平台中的虚拟岗位代表每一个参加实训的学生，利用实训平台中的虚拟企业（机构）代表每个参加实训的学生团队。线上活动分为账号注册、企业设立登记、税务登记、银行开户 4 个环节，从而实现企业资源初始配置，为商务决策做好准备。其中账号注册是实现学生虚拟化的第一步，每一个学生对应唯一的企业、唯一的岗位，有关这个岗位的一切操作都可以通过企业经营体现出来。企业设立登记、税务登记和银行开户的实训目的是实现企业的虚拟化，企业需要到市场监督管理局完成营业执照的办理等活动，到税务局完成税务登记让企业能正常纳税，到商业银行完成银行开户让企业能实现经营资金的流通和周转。

在整个实训课程中，媒体公司是作为一个旁观者来进行设置的，没有在实训平台上体现出来，但是作为整个商务决策设置的商务服务机构，媒体公司起到宣传和展示的作用。为此媒体公司需要完成线上的微信“公众号推文”任务、线下的报纸宣传和视频制作任务，是整个商务决策综合实训不可或缺的组成部分。

延伸阅读 2-1

教育发展的新态势

1. 线上线下融合成为未来教育新常态

“学习的过程中要多动脑筋，多思考，培养学生的思维是最主要的。”北京师范大学教育学部教授顾明远认为新技术的发展需要创新人才，创新人才在于思维的改变，思维可以改变世界。因而课堂教学要注重思维的培养，课堂教学的本质就是发展思维。

华东师范大学终身教授、博士生导师祝智庭在《技术赋能教育变革：线上线下融合教学新样态》主旨报告中谈到，大规模疫情暴露教育系统的脆弱，线上线下融合（OMO）是未来教育常态。他阐释了 OMO 模式的教育内涵及新认知，并分享目前国内 OMO 的应用形态，他强调在 OMO 教学创新设计与实践模式中，一定以学习者为中心。

教育部特聘教授李政涛也有同感，他在《走向双向混融教学的新时代》主旨报告中介绍说，线上教学特别值得注意的是，老师不能替代学生的体验与思考，而要引领学生深度学习的过程，混融教学的变革。归根到底是育人的变革，要提升育人的质量。

2. “互联网+教育”中国教育正在快步迈进4.0时代

“互联网+”，催促疫情下的中国教育快步迈进4.0时代。互联网已经改变了教师的工作模式和教研模式，老师要具备专业能力、转化能力、引领能力和育人能力，并不断在反思中慢慢地深化提升。

在教育部“停课不停学”的号召下，很多学校开办了云学校，丰富了云课堂，线上教学顺势而生，信息技术对未来教育的影响会越来越大。在探索线上教学的新路径时，翻转课堂让线上教学“活”起来，课后答疑让线上教学效果“好”起来，微课引领并改变了学习方式。

3. 新理解新举措，后疫情时代重塑学校教育新样态

适应后疫情时代后的教育，现在在线上、线下方面最大的难题是评价的研究，比如如何评价学生的成长和经历、独特的感受和经验；如何激发学生的学习兴趣和动力，都非常有难度。最紧迫的是，学校围墙打破的时代已经到来，如何实现学校、社会和家庭一体化的创新，和学校如何发挥枢纽、引领、实践的作用。

任务2 企业（机构）线下组建

随着互联网知识经济的到来，各种新知识、新技术不断推陈出新，行业竞争日趋紧张激烈，企业管理层面临的情况和环境极其复杂，单靠一个人单打独斗已很难完全处理各种错综复杂的信息并采取切实有效的行动，因此需要联合起来组建不同的团队来完成工作。团队成员目标一致、齐心协力，通过信息共享、能力互补，集体讨论和共同决策，最终使团队的工作业绩和效率远超个人业绩之和，形成1+1>2的效果。另外，以团队形式来工作，还有助于个人能力的提升，如团队成员可以学习团队中其他成员的特长，可以锻炼个人的沟通、人际交往能力等。

2.1 竞聘CEO

2.1.1 CEO应具备的素质

团队组建首先要确定团队领导者，即各企业（机构）的CEO。CEO负责为团队提供指导，为团队制订长远目标，是团队中的灵魂人物。一个好的CEO拥有真实的号召力，能够提出令人折服的远见，能够激发团队成员的热情，能带领整个团队有效地达到组织目标。因此，参与竞聘的CEO候选人应具备以下综合素质。

1. 全局观念与系统思维

全局观念是指领导者在具体制定和实施决策的过程中，必须对事物有一个整体的把握，能从大局出发，不计较一时的利害得失。用“大”看“小”——用全局观念、整体观念考虑与决策问题相关的因素、联系、影响；用“长”看“短”——面向未来看现在，用长远和发展的观点看待眼前的问题和现实的问题；“正”“负”兼顾——既看到问题有利的一面，又要看到不利的一面，尤其要看到不利能转化为有利的一面。竞聘的CEO应是指挥全局的人，只有全局在胸，运筹帷幄，抓大事，谋大利，才能做好工作。

2. 丰富的专业知识

参与竞聘的CEO候选人还应具备丰富的专业知识，如企业管理、人力资源管理、财务报表分析、市场营销、生产运作的相关基础知识。对于这些知识CEO不一定要非常精通，但应该有一定程度的了解，从而能与下属进行良好的沟通，对下属的工作进行相应的指导和审核。

3. 强大的领导力

参与竞聘的CEO候选人还应富有领导力。领导力指在管辖的范围内能充分地利用人力和客观条件以最小的成本办成所需的事，提高整个团体办事效率的能力，领导力包括合理任命、合理分工、制订合理的规则，合理发挥每个人优势等等。简单来说，就是CEO能使每个下属“听话”，共同努力，保质、保量地完成企业目标的能力。

4. 富有挑战精神

参与竞聘的CEO候选人还要敢于PK，勇于挑战、不怕竞争。商场如战场，在整个实训过程中，企业间有合作，也有同行业之间、上下游企业之间的激烈竞争。在激烈的竞争中，勇者总是更容易拔得头筹。CEO只有富有挑战，面对困难迎难而上，不惧竞争，才能取得更好的经营业绩。

延伸阅读2-2

材料一　诸葛亮为什么不是一个好的CEO

《三国演义》中的诸葛亮令人崇拜得五体投地。“隆中对”“出师表”“舌战群儒”“火烧赤壁”，大家都耳熟能详。但随着年龄增长，阅历的增加，大家会愈来愈感受到诸葛亮并不是一个好的CEO，这是为什么呢？

1. 选人用人

《三国演义》中有句话：“蜀中无大将，廖化充先锋”。

“蜀中无大将”是发生在诸葛亮担任CEO之后造成的结果，是诸葛亮不重视对团队的发展才造成了“蜀中无大将”的局面。他亲自选的接班人姜维，事实证明未能堪当重任。因为诸葛亮采用了选马而不是赛马的机制来挑选自己的接班人，这样的机制造成了姜维接班后，没多少年蜀国就像一个破落的公司一样被别的企业并购而消亡了。

2. 风险控制

在风险控制方面，《三国演义》中多次提到，诸葛亮旗下的大将魏延对北伐提出了不同的策略。他多次和诸葛亮说：“给我3 000精兵，出奇兵就能直取长安”。诸葛亮认为这风险太大，宁可带着30万大军步步为营，用所谓稳健的战略来实施公司的扩张。“诸葛一生唯谨慎”，作为公司CEO，控制风险当然是非常重要的，但如果因过于谨慎失去公司的发展机遇，也是公司的风险。

3. 分级授权

在分级授权方面，诸葛亮最后累倒在工作岗位上，病逝于五丈原。核心原因正如他的对手司马懿所指出的：诸葛亮几十万大军中，处罚 20 军棍以上的决定都要亲自批准，这反映了诸葛亮没有很好的授权机制。一个好的 CEO，适度的授权才能够让自己把精力放在大事上。而诸葛亮事无巨细，凡事都亲自过问，不仅把自己累死了，也把蜀国断送了。

一个成功的 CFO 或者 COO 向 CEO 转型的时候，一定要把注意力关注到团队，关注到大风险，关注到授权体系这些核心的问题上来。

材料二 一个好的 CEO 应具备“将之五要”

孙子所言“将之五要”，即“智信仁勇严”。

智者，知识与判断也。做为领导者，应当具备相应的知识，能做出正确的判断。孰正孰误，孰是孰非，孰长孰短，孰高孰下，孰缓孰急，孰重孰轻，要能了然于胸，如此，于“多方适应”之中，方能应对无误。

信者，信用与信服也。信不足则多言。领导者如果事事都三令五申，必然是信用不足，而如果信用不足，则必无法高效地率领成员作战。建立自己的威信，是团队领导者自我修炼的第一要事。

仁者，关心与沟通也。孟子说“君之视臣如手足；则臣视君如腹心；君之视臣如犬马，则臣视君如国人”。领导者必须关心其成员，成员才会积极响应领导者的号召。一个好的领导者当感觉到自己累了，就应该马上想到他的员工也累了。

勇者，冒险与责任也。无论是在军队作战，还是企业经营管理中，都没有百分百保险的事。风险，是经营的内在元素之一。作为团队领导者，必须要有勇气，敢于有选择性地冒险，同时也要勇于承担因决策失败带来的后果，这就是责任。

严者，制度与赏罚也。家有家规，国有国法，军队有军队的作战纪律，企业有企业的管理制度。严，就是要严格执行这些制度。有“法”可依，有“法”必依，执“法”必严，违“法”必究。如果有些制度得不到百分之百地执行，不如废弃。而制度执行的有效性，取决于赏罚。因此赏罚须按规定严格执行。

“智信仁勇严”五者，彼此互有关联，不可偏废。只是在不同的大环境中，在不同的发展时期，可以稍有差异而已。

2.1.2 竞聘 CEO

在本环节中，参与竞聘的岗位包括市场监督管理局局长、税务局局长、银行行长，还有核心企业原材料供应商的 CEO 若干名、制造企业的 CEO 若干名和贸易企业的 CEO 若干名。有意向竞聘的 CEO 候选人可以通过竞聘演讲来展示自己的领导者素质、个人魅力和风采，并藉此争取其他同学的支持。同一岗位，经过学生网络投票，票数最高者中选。

竞聘 CEO 是企业（机构）线下构建的重要步骤，符合条件的学生应积极报名参与竞聘。

在竞聘之前各候选人需提交自己的竞聘表，如表 2-3 所示，并准备 5 分钟左右的竞聘演讲。在演讲时，竞聘人应对所竞聘岗位的认识、个人具备的能够胜任本岗位的能力、中选后本人的工作计划等信息进行详细介绍。

表 2-3　　竞聘表

<table>
<tr><td>应聘岗位</td><td colspan="3"></td><td rowspan="3">个人照片</td></tr>
<tr><td>姓名</td><td></td><td>专业</td><td></td></tr>
<tr><td>班级</td><td></td><td>学号</td><td></td></tr>
<tr><td>个人履历</td><td colspan="4"></td></tr>
<tr><td>竞聘理由（岗位认知、胜任能力）</td><td colspan="4"></td></tr>
<tr><td>工作规划</td><td colspan="4"></td></tr>
</table>

教师在所有候选人在现场竞聘的演讲全部结束之后，利用微信小程序来发起网络投票，全体学生在规定时间内参与投票。最后根据投票结果选择票数最高者担任相应职务。具体竞聘过程如下。

（1）竞聘报名，学生根据意愿自主报名，并提交竞聘表。

（2）现场竞聘，每个报名的候选人依次上台演讲，时间不超过 5 分钟。

（3）网络投票，由教师在发起投票，学生在设定时间内进行现场投票。

（4）确认名单，根据票高者中选的原则，确定最终的人员名单。

延伸阅读2-3

竞聘演讲的注意事项

竞聘演讲稿不仅要把握好演讲稿的结构，还必须注意适合演讲的场合，符合竞聘者的身份，具体要求有以下几方面。

（1）态度诚恳。竞聘演讲是一个毛遂自荐的过程，在此过程中竞聘不仅要展示自己的才华，还要态度诚恳，实事求是，不要夸大事实从而引起听众的反感。

（2）充满自信。在竞聘过程中，演讲者要充满自信，注视评委和听众的时间应占竞聘时间的50%。在竞聘过程中竞聘者面部表情要自然，要学会微笑，通过自己的表情向听众传达自己信心，使听众感到愉快、放松。另外，竞聘者要注意自己的身体姿态，上下讲台时要抬头挺胸，步伐矫健，充分展现自己的自信。

（3）语言质朴。在竞聘演讲中，不宜刻意追求气氛的烘托和渲染，应避免使用抒情的表达方式，多用符合口语表达习惯和听觉习惯的句子。在展示自己的优势时，不能泛泛而谈，要辅以事实和数据来佐证，语言要简练、精辟。如某竞聘者参与岗位竞聘时的表述："我认为我参加该岗位竞争的优势主要体现在以下五个方面：一是具有广泛多样的知识背景（具体介绍自己的知识和技能）；二是具有谦虚谨慎的做人态度（具体介绍自己的获奖情况）；三是具有清晰顺畅的沟通能力（介绍自己的工作方法和业绩）；四是具有与时俱进、敢于争先的时代意识（介绍自己继续学习和培训的经历）；五是具备坚韧不拔、百折不挠的心理素质（介绍自己的成长经历和经受的考验）。"

（4）时间适合。竞聘演讲有时间的限制，一般最好控制在5—10分钟。竞聘演讲稿字数以千字左右为宜。字数太少不足以充分展示竞聘者的竞聘优势，字数过多容易使听众产生厌倦情绪，会消弱演讲效果。

竞聘演讲的内容各不相同，优秀的竞聘演讲要结合自身实际，在演讲中既凸显自身的优势又不盲目夸大，既能以诚恳、优美的语言打动听众，又能充分展示自身的才能。

2.2 招聘员工

CEO确定之后，由各企业（机构）的CEO来负责其团队成员的招聘。首先，教师需要指定专门的场所并划分各企业（机构）的招聘位置。其次，各企业（机构）的CEO则应根据实际情况设定所需岗位及人员数量、岗位职责、应聘条件等，并制作招聘海报以展示招聘信息。其他学生则需要提前准备自己的应聘简历，如表2-4所示，并选择感兴趣的企业及岗位进行应聘。最终实现各企业（机构）团队的线下组建。

整个招聘员工的具体过程如下：

第一，CEO确定本企业（机构）实际所需的岗位及岗位人数、岗位职责；

第二，CEO设计招聘海报并在指定的展示位进行悬挂；

第三，应聘者准备自己的简历，并向自己感兴趣的企业（机构）的岗位投递简历；

第四，CEO收取简历并组织面试；

第五，企业（机构）公布录用名单；

第六，CEO及其成员共同确定和细化本企业的名称、企业文化、企业目标等，并

表 2-4　　简历模板

<table>
<tr><td>姓名</td><td></td><td>班级</td><td></td><td>性别</td><td></td><td rowspan="3">个人照片</td></tr>
<tr><td>专业</td><td></td><td>学号</td><td></td><td>电话</td><td></td></tr>
<tr><td>政治面貌</td><td></td><td>外语（英语）水平</td><td></td><td>常用邮箱</td><td></td></tr>
<tr><td>求职意向</td><td colspan="6"></td></tr>
<tr><td>主修课程及与应聘岗位相关的课程成绩</td><td colspan="6"></td></tr>
<tr><td>个人履历</td><td colspan="6"></td></tr>
<tr><td>专业技能</td><td colspan="6"></td></tr>
<tr><td>自我评价</td><td colspan="6"></td></tr>
</table>

设计本企业（机构）的宣传海报，将宣传海报张贴于企业（机构）办公场所以作展示。

延伸阅读 2-4

什么是好“简历”

1. 十秒钟原则

就业专家认为，一般情况下，简历的长度以 A4 纸 1 页为限，简历越长，被认真阅读的可能性越小。高端人才可准备 2 页以上的简历，但也需要在简历的开头部分有资历概述。

2. 清晰原则

简历的结构应清晰明了，让人一目了然。因此，简历在排版时需要考虑结构的划分、字体大小、行和段的间距、哪些是应重点突出的内容等。内容越清晰就越便于阅读。

3. 真实性原则

在撰写自身的简历时，不要试图编造工作经历或者业绩，大多数的谎言在面试过程中会被识破。但真实性并非是把自身的缺点和不足和盘托出，可以选择突出哪些内容或忽视哪些内容，要知道优化≠掺假。

4. 针对性原则

简历要有针对性，假如某公司某岗位提出需要，相关行业经验、销售业绩或证书等，你应在简历中清楚地陈述有关的经历和事实，并把它们放在突出的位置或加粗显示，这就是针对性。不仅仅是简历，在写求职信、感谢信等其他材料的时候，针对性也都是十分重要的原则。

5. 价值性原则

在撰写自身的简历时，语言应力求平实、客观、精炼，篇幅以1—2页为宜。因篇幅有限，简历内容一定要具有价值性，如一些能够证明工作业绩的量化数据、一些能够提高职业含金量的成功经历、自己的独有经历等，如著名公司从业经历、参与著名培训会议、与著名人物接触的经历等。

6. 条理性原则

首先要将公司可能雇用你的理由，用自己过去的经历有条理地表达出来。个人基本资料、工作经历（包括职责和业绩）、教育与培训这三大块为重点内容，其次重要的是职业目标、核心技能、背景概论、语言与计算机能力、奖励和荣誉。

7. 客观性原则

简历上应提供客观的证明或者佐证资历、能力的事实和数据。如“2018年因销售业绩排名第一获得公司嘉奖”和“在某参展活动中表现出良好的组织能力获得赞扬”，后者的客观性明显比前者弱。另外，简历中要避免使用第一人称“我”。

2.3 确定工作场所

各企业（机构）团队组建完毕，就开始分配各个企业（机构）的工作场所，按照功能区域的划分，核心企业去核心企业中心，外围机构去外围服务中心。

在确定好所有企业（机构）的工作场所之后，所有成员都需要在企业名册上进行登记。如表2-5所示。详细填写各企业（机构）负责人姓名、电话及组内成员的姓名、学号、班级等信息，以便于教师在进行课程过程管理。

每天的日常考勤可以通过该名册进行，企业CEO也可以通过该名册（见表2-5）快速熟悉自己的团队成员，从而进行相应的工作分工，更好地完成实训任务。

表 2-5　　　　企业（机构）名册示例

跨专业虚拟仿真综合实验 （　班，　班）________机构人员名册 ______年______月______日					
机构	负责人	联系电话	组内成员		
制造 1/ 贸易 1/ 原材料 1					
制造 2/ 贸易 2/ 原材料 2					
……					
工商					
税务					
银行					
媒体					

实训环节 2-1

企业（机构）线下组建

一、实训目的

1. 要求学生体验整个企业（机构）的组建过程。
2. 提升学生演讲能力、自我表达能力和团队协作能力。
3. 使学生学会制作一份优秀的简历。

二、实训内容

1. 竞聘 CEO

在动员会后进行企业（机构）负责人的竞聘，CEO 竞聘演讲需要用到的材料为“CEO 竞聘表”。

建议流程：

（1）各企业（机构）负责人报名。

（2）各企业（机构）负责人竞聘演讲。

（3）学生、教师投票。

2. 招聘海报的制作

招聘海报的制作锻炼团队的协作能力、创新能力、执行能力等综合能力，使学生在小活动中体验团队意识。此阶段需要给各企业（机构）负责人准备招聘海报的时间，告知各企业（机构）负责人其允许招聘的人数和岗位。教师需给各企业（机构）负责人或全体人员进行海报制作培训。

建议流程：

（1）教师下达海报的制作要求。

（2）各企业（机构）负责人制作海报。

3. 招聘会

通知学生招聘会会场的位置。各企业（机构）负责人需提前到会场张贴招聘广告，布置招聘会场。教师提醒应聘者需提前制作并打印好简历，现场投递。招聘会期间，学生进行应聘，企业组织面试会涉及应聘技巧、面试技巧等方面的专业知识。

CEO 的工作：制作招聘简章，选择招聘场地，企业形象设计。

求职学生的工作：制作简历，应聘准备、准时参加招聘会，投放简历，现场应聘。

需要准备物品：简历模板、广告用纸、学生登记表、企业（机构）座位对照表。

4. 领用办公用品

各企业（机构）负责人招聘完成并把自己团队的员工带到工位后，派人员到单证中心领取实训所需的办公用品和单据。

三、实训组织

（1）全员参与。

（2）在各企业（机构）负责人确定之后，教师负责下达指令，各小组内容事务由各负责人统筹安排。

任务3 企业（机构）线上组建

企业（机构）线上组建就是通过账号注册、企业登记、税务登记、银行开户等线上活动实现虚拟商务环境的构建，把所有学生组成的企业（机构）虚拟数据化到课程实训平台上。实训平台中的虚拟岗位代表每一个参加实训的学生，实训平台中的虚拟企业（机构）代表每个参加实训的学生团队，依托实训软件开展各项针对性的商业决策活动。

3.1 企业（机构）账号注册

3.1.1 个人账号注册

团队组建完成之后，企业（机构）所有人都要参与线上的实训平台的模拟经营，对此，每个团队成员应先进行线上账号注册。

第一步，登录实训平台网址。各个学校进行实训时的服务器网址 IP 不同，由学校安装跨专业综合实训软件的服务器确定，实训前由教师公布给学生。

第二步，点击登录图像，选择注册按钮。

第三步，出现账号注册界面，在里面分别确定用户名、密码、再次确认密码、姓名、学号、小组注册码这六项必填信息。

其中，用户名必须使用自己的邮箱名称才能进行注册；根据个人习惯设置一个不容易忘记的密码，以保护自己企业的商业机密；姓名和学号要求学生使用真实的姓名和学号，这样也方便后期的账号管理，否则不容易对其进行正常教学考核和管理；小组注册码是商务环境设置时在实训平台添加企业（机构）时自动生成的一组代码，需特别注意的是每个企业（机构）产生的注册码时有两个，一个是 CEO 注册码，这是 CEO 或机构负责人专用的，一个是员工注册码，这是企业（机构）除了 CEO 或负责人之外其他岗位统一使用的，也就是说 CEO 注册码只有 CEO 才能使用，企业其他岗位使用一个共同的员工注册码。下面我们以制造企业为例，显示 CEO 注册码和员工注册码的基本情况，如图 2 – 1 所示：

名称	别名	CEO注册码	员工注册码
制造企业1	制造企业1	HFQ1F2E2	HFQ1XUWX
制造企业2	制造企业2	HFQ1EKTN	HFQ1X65B
制造企业3	制造企业3	HFQ1M26V	HFQ12T5J
制造企业4	制造企业4	HFQ14IMU	HFQ1WYUJ
制造企业5	制造企业5	HFQ1XIN1	HFQ1RLIS

图 2 – 1　CEO 注册码和员工注册码

在确认了账号注册的六项信息：用户名、密码、再次确认密码、姓名、学号、小组注册码以后，就可以在账号注册界面点击“提交”，完成每个学生的账号注册任务，具体如图 2 – 2 所示：

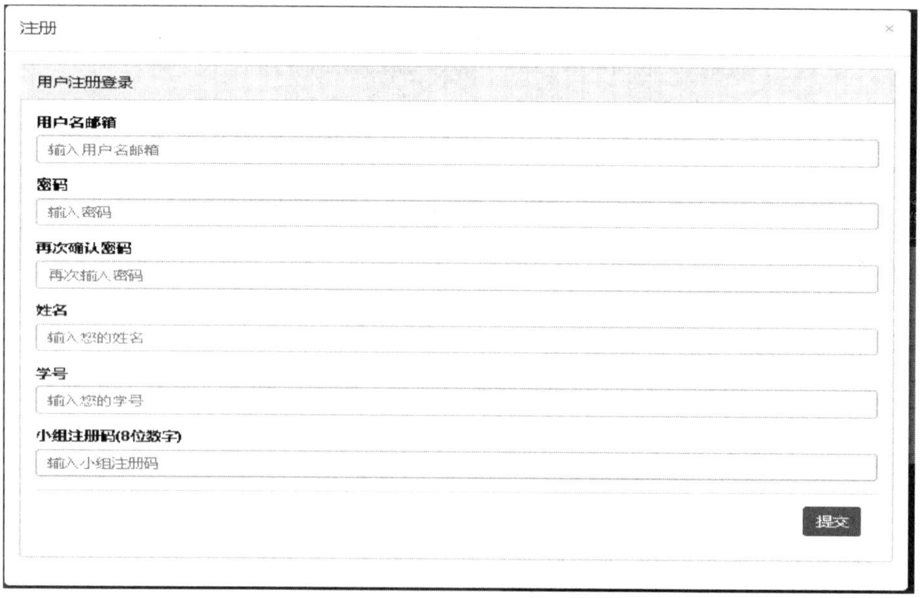

图 2 – 2　个人账号注册

3.1.2 平台岗位设置及分工

账号注册完成之后，CEO根据本企业（机构）成员在线下招聘时员工的意愿和能力，进行岗位分工和授权，其中制造企业由CEO、财务主管、生产主管、销售主管、采购主管5个岗位组成，原材料供应商由CEO、财务主管、生产主管、采购主管4个岗位组成，贸易企业由CEO、财务主管、市场主管3个岗位组成。

（1）权限设置。具体操作如下：点击“我的办公室”→“组织机构管理”→“部门管理”→“企业岗位权限管理”，点击“添加”按钮，增加相应的岗位，并勾选每个岗位的相应权限。

具体步骤为：

第一，新建岗位，进入软件企业岗位权限管理界面，点击“添加”按钮，选择需要添加的岗位名称。

第二，赋予权限，选择设置好的岗位名称，对不同岗位的操作权限进行分配，保证在实训平台中实现软件的正常操作。

在岗位设置及分工的环节中，难点在于权限设置。打开权限设置界面，一般情况下，对不同的部门下面所有的多选框打“√”就可以完成对应岗位的权限设置。为了避免出现意外情况，应会赋予CEO所有权限，因此全部勾选并提交，这样可以保证后期出现软件操作受限的情况下，可以通过CEO账号解决所有问题，具体如图2－3所示。

图2－3 岗位设置

（2）岗位分工。岗位分工是按照线下招聘岗位的情况，把岗位分配给对应的学生，保证一人一岗。具体操作：点击“我的办公室”→“组织机构管理”→“人员岗位管理”，点击“修改”，则给每个团队成员分配相应的岗位，如图2－4所示。

图 2-4 岗位分工

3.2 企业登记

制造企业、贸易企业、原材料供应商作为跨专业综合实训平台环境中的核心企业，在拥有平台账号之后，进入系统平台，如图 2-5 所示，企业需依次完成企业登记→税务登记→开启企业基本账户三项任务，才算完成企业线上组建。

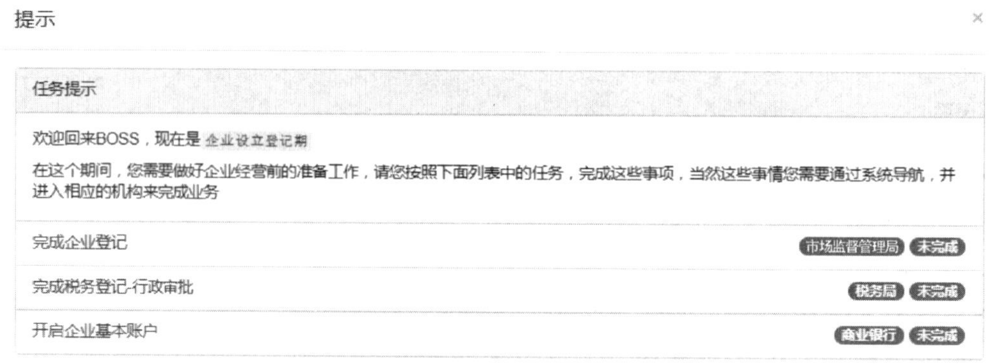

图 2-5 企业设立登记期任务

企业登记是第一项任务，是指企业按法定程序向登记机关申请，经登记机关审核并记录在案，以供公众查阅的行为。企业登记就是企业正式宣告成立，从此企业将合法并依法行使法律赋予企业的各种法人权利和法律义务（如税务）等方面，企业的正常生产和经营运转受到法律的保护和支持。以设立有限责任公司为例，企业设立登记是由全体股东指定的代表或共同委托的代理人作为申请人向政府主管机关办理注册登记宣告成立的过程。在实训平台上，企业登记流程以企业填写“名称预先核准委托人代理申请书”为起点，以企业获得市场监督管理局发放的营业执照为终点，如图 2-6 所示。整个流程，企业要提供多项表格资料给市场监督管理局审核，如填表正确则市场监督管理局予以通过；如表格填写有误，则市场监督管理局驳回申请，企业需修改后再次提交给市场监督管理局审核，直至市场监督管理局审核通过才进入下一流程。

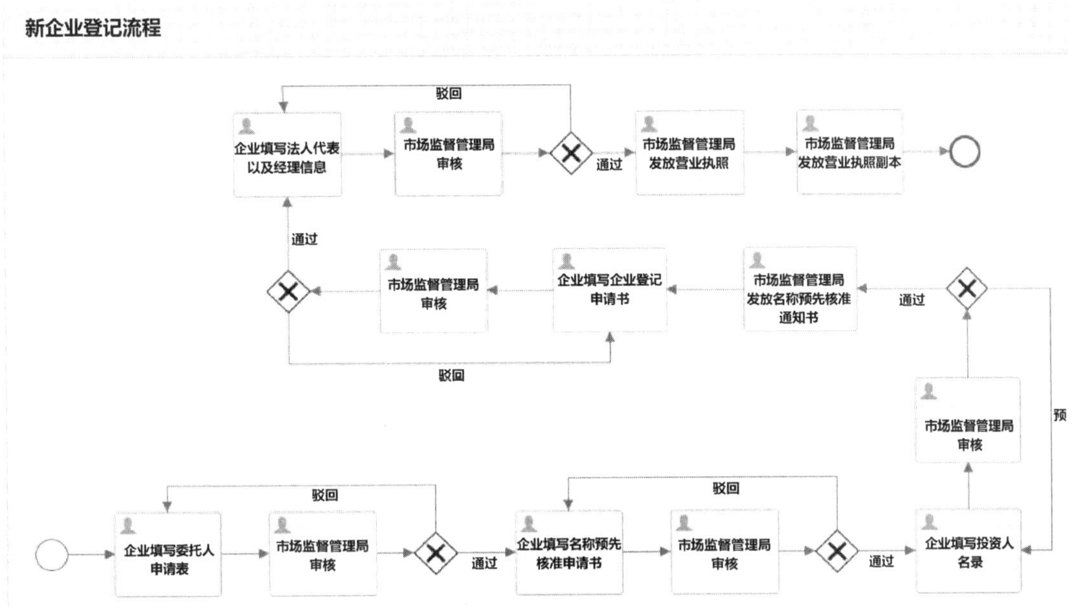

图2－6　企业登记流程图

延伸阅读2－5

公司设立登记相关法律规定

1. 出资人

根据法律规定，可以作为公司出资人的主体有商法人、年满18岁的自然人、农村村民委员会、城市居委会、个人独资企业、合伙企业等。可以作为非公司企业出资人的主体有企业法人、事业法人、社会团体法人、自然人。

2. 住所登记

住所是商主体主要办事机构所在地。商主体可以有多个办公或经营地点，但在法律上只能有一个住所。住所可以是商主体自己拥有产权的房产，也可以是通过租赁而获得使用权的房产。

3. 法定代表人

根据法律规定，有限责任公司设董事会的，董事长是法定代表人，设执行董事的，执行董事为法定代表人；股份有限公司的董事长为法定代表人；非公司企业的总经理、厂长是法定代表人；外商投资企业的董事长担任法定代表人。

4. 章程登记

章程是公司行为宪章，经登记方可生效。章程必须写明法律规定应记载的事项，同时可以根据商主体经营发展目标、内部管理要求等增加具体的内容。公司章程由股东会制定。

5. 经营范围登记

经营范围是指法律授权商主体可以从事经营活动的领域或行业，即商主体流动营业的主要内容、商品类别、商品品种及服务项目。

需要注意的是，针对公司、非公司法人企业、非法人企业这些不同的商主体，法律规定的注册登记事项有一定差异。

3.2.1 名称预先核准委托书

名称预先核准委托书是企业登记的起点。通常，设立公司前应当由全体股东指定的代表或者共同委托的代理人向工商行政管理局申请名称预先核准，因此要填写名称预先核准委托书。如表2-6所示，在“名称预先核准委托人代理申请书”中，应指明委托人与被委托人。委托人是投资人或合伙人之一，可以是“投资人（合伙人）名录”中的任一投资人（合伙人），委托人是自然人的，需由本人亲笔签字；委托人为非自然人的，加盖其公章；委托人为外方非自然人的，由其法定代表人签字。申请人（被委托人）是指受投资人委托到登记机关办理名称预先核准的自然人，可以是投资人（合伙人）中的自然人，同时需附上被委托人的身份证复印件。

表2-6　　名称预先核准委托人代理申请书

本人___________，接受投资人（合伙人）委托，现向登记机关申请名称预先核准，并郑重承诺：如实向登记机关提交有关材料，反映真实情况，并对申请材料实质内容的真实性负责。 委托人（投资人或合伙人之一）　　　　申请人（被委托人） （签字或盖章）　　　　（签字）
申请人身份证明复印件粘贴处 （身份证明包括：中华人民共和国公民身份证（正反面）、护照（限外籍人士）、长期居留证明（限外籍人士）、港澳永久性居民身份证或特别行政区护照、台湾地区永久性居民身份证或护照、台胞证、军官退休证等）
联系电话：　　　　邮政编码： 通信地址：　　　　申请日期：　　年　　月　　日

3.2.2 名称预先核准申请书

企业名称预先核准是企业名称登记的特殊程序，指的是设立公司应当申请名称预先核准，这样可以使企业避免在筹组过程中因名称的不确定性而带来的登记申请文件、材料使用名称杂乱的问题，并减少因此引起的重复劳动、重复报批现象。如表2-7所示，企业要确定所申请的名称时，按照国家规定，企业名称应当由行政区划、字号、行业、组织形式依次组成，“字号”可以备选多个；企业名称要具有独特性、创新性，不与其他企业重复；文字表达要简单明了、易读易记，既有形象性，又通俗易懂。表中“主营业务”是指企业所从事的主要经营项目。例如：信息咨询、科技开发等。填写“企业类型”栏目时，在相应选项对应的“○”内打“√”。例如：北京华达贸易有限公司分公司的“企业类型”要选择有限责任公司和分支机构两种类型。

表2-7　　企业名称预先核准申请书

申请名称				
备选字号	1		4	
	2		5	
	3		6	
主营业务				
企业类型	○合资经营企业○港澳台个体工商户○股份有限公司○合伙企业有限责任公司○股份合作○个人独资企业○外资企业○集体所有制企业○个体工商户○合作经营企业○农民专业合作组织○全面所有制企业			
	○分支机构			
字号许可方式（无此项可不填写）	○投资人字号/姓名许可 ○商标授权许可 ○非投资人字号许可	许可方名称（姓名）及证照或证件号码		
注册资本（金）或资金数额或出资额（营运资金）	（小写）________万元（如为外币请注明币种）			
备注说明				

延伸阅读2-6

企业名称如何确定

企业的名称是企业的身份象征，是与其他企业相区别的标志。一个合适、合法，能够彰显企业特点的名称，能够帮助企业在以后的业务进行中更加顺利。《企业名称登记管理规定》中规定：①企业名称应当包含行政区划名称、字号（或者商号）、行业或者经营特点、组织形式；②企业名称应当冠以企业所在地省（包括自治区、直辖市）或者市（包括自治州）或者县（包括市辖区）的行政区划名称。

(1)“行政区划”。行政区划是企业所在地县以上行政区划的名称。企业名称中的行政区划名称可以省略“省”“市”“县”等字。

(2)“字号”。字号是构成企业名称的核心要素，是企业区别于其他企业的主要标志，也是企业的名字。“字号”应由两个以上的汉字组成，且可准备多个备用字号，以免与其他企业重复。

(3)“行业”。行业应当具体反映企业的业务范围、方式或特点，可以依照国家行业分类标准划分的类别使用一个具体的行业名称，也可以使用概括性字词。企业名称中的行业用语表述应当与其“主营业务”一致，主营业务包括两项及以上的，以第一项主营业务确定行业用语。

（4）“组织形式”。组织形式即企业名称中反映企业组成结构、责任形式的字词，如公司、厂、中心、店、堂等。依照《中华人民共和国公司法》（以下简称《公司法》）设立的公司，其名称必须标明“有限责任公司”或“股份有限公司”字样。依照《企业法人登记管理条例》设立的一般企业，可以用“中心”“店”“场”“城”等。

3.2.3 投资人（合伙人）名录

投资人（合伙人）名录（如表2－8所示），是登记全体投资人（合伙人）出资情况的表格。投资人与合伙人都属于企业的出资人，投资人在投资企业时成为公司的股东，不一定参与公司的具体经营活动；合伙人在投资合伙企业时成为合伙人，与其他合伙人共同经营公司。其中“投资人（合伙人）的名称或姓名”应当与资格证明文件上的名称或身份证明文件的姓名一致，境外投资人（合伙人）名称或姓名应翻译成中文，填写准确无误；申请设立分支机构的，应在“投资人（合伙人）名称或姓名”栏目中填写所隶属企业名称。“投资人（合伙人）类型”栏，需填投资人（合伙人）是属于自然人、企业法人、事业法人、社团法人或其他经济组织；“拟投资额（出资额）”栏，应按各人的实际出资额来填写，且所有投资人（合伙人）的出资额之和等于企业的注册资本。“国别（地区）或省市（县）”栏内，内资企业投资人（合伙人）填写证照核发机关所在省、市（县），外资企业的投资人（合伙人）填写其所在国别（地区）。

表2－8　　投资人（合伙人）名录

序号	投资人（合伙人）名称或姓名	投资人（合伙人）证照或身份证件号码	投资人（合伙人）类型	拟投资额（出资额）（万元）	国别（地区）或省市（县）
1					
2					
3					
4					
5					
6					

3.2.4 企业名称预先核准通知书

企业名称预先核准通知书是市场监督管理局按照国家相关规定对申请预先核准的企业名称作出核准决定的，由市场监督管理局填写并发放“企业名称预先核准通知书”给企业，如表2－9所示，表明企业名称可用。预先核准的名称有效期为6个月，有效期届满，预先核准的名称失效。有正当理由，需延长预先核准名称有效期的，申请人应在有效期满前1个月内申请延期，有效期延长时间不超过6个月。表中各投资人的投资比例之和应为100%。

表2－9　　企业名称预先核准通知书

（________）名预核内字【____】第____号

根据《企业名称登记管理规定》《企业名称登记管理实施办法》等规定，同意下面______个人出资，注册资本________万元（人民币），企业名称为________________________________。

投资人、投资额和投资比例：

投资人姓名	投资金额（万元）	投资比例

以上预先核准的企业名称保留期至________年______月______日。在保留期内，企业名称不得用于经营活动，不得转让。经企业登记机关设立登记，颁发营业执照后企业名称正式生效。

核准日期：________年______月______日

3.2.5 企业登记申请书

企业登记申请书，样式见表2－10、表2－11。表2－10中，公司名称就是市场监督管理局发放的“企业名称预先核准通知书”中的名称；法定代表人指依法律或法人章程规定代表法人行使职权的负责人，法定代表人的行为就是企业、事业单位的行为。如公司的法定代表人为董事长或执行董事或经理（《公司法》第十三条）。

表2－10　　内资公司设立登记申请书

公司名称：____________________

郑重承诺

本人　　拟任　　（公司名称）的法定代表人，现向登记机关提出公司设立申请，并就如下内容郑重承诺：

1. 如实向登记机关提交有关材料，反映真实情况，并对申请材料实质内容的真实性负责。
2. 经营范围涉及照后审批事项的，在领取营业执照后，将及时到相关审批部门办理审批手续，在取得审批前不从事相关经营活动。需要开展未经登记的后置审批事项经营的，将在完成经营范围变更登记后，及时办理相应审批手续，未取得审批前不从事相关经营活动。
3. 本人不存在《公司法》第一百四十六条所规定的不得担任法定代表人的情形。
4. 本公司一经设立将自觉参加年度报告，依法主动公示信息，对报送和公示信息的真实性、及时性负责。
5. 本公司一经设立将依法纳税，自觉履行法定统计义务，严格遵守有关法律法规的规定，诚实守信经营。

法定代表人签字：

年　　月　　日

表2－11中，“住所”指的是公司法人进行活动的主要基地或中心场所。《公司法》第十条规定公司以其主要办事机构所在地为住所，所以住所可以和企业的注册地址一样。另外，住所（经营场所）使用期限应不得少于一年。填写“公司类型”一栏需注意，企业类型分为有限责任公司、股份有限公司、合伙企业、个人独资企业、中外合资经营企业、中外合作经营企业、外商独资企业等。现行《公司法》规定的公司分为有限责任公司和股份有限公司。

表2－11　　登记基本信息表

公司名称			
住所	市　区（县）　（门牌号）		
生产经营地	省（区、市）　市　县　（门牌号）		
法定代表人		注册资本	万元
公司类型			
经营范围			
经营期限		申请副本数	份
股东（发起人）名称或姓名			

延伸阅读2－7

企业经营范围的确定

经营范围是企业从事经营活动的业务范围，应当依法经企业登记机关登记。

（1）经营范围的拟定应当参照《国民经济行业分类》选择一种或多种小类、中类或者大类自主提出申请，经营范围是不可以随意填写的。对《国民经济行业分类》中没有规范的新兴行业或者具体经营项目，可以参照政策文件、行业习惯或者专业文献等提出申请。

（2）企业的经营范围应当包含或者体现企业名称中的行业或者经营特征。跨行业经营的企业，其经营范围中的第一项经营项目所属的行业为该企业的行业。

（3）企业的经营范围应当与章程或者合伙协议规定相一致。经营范围发生变化的，企业应对章程或者合伙协议进行修订，并向企业登记机关申请变更登记。

（4）经营范围的表述应尽可能规范、易懂。

3.2.6 法定代表人、董事、经理、监事信息表

法定代表人，是指依法代表法人行使民事权利，履行民事义务的主要负责人。董事，是由股东（大）会或职工民主选举产生，可以由股东或非股东担任。经理或总经理，是由董事会聘任，对董事会负责，在董事会的授权下，执行董事会的战略决策，实现董事会制订的企业经营目标。监事，是公司中常设的监察机关的成员，又称“监察人”，监事一般由股东会选任，每届为任期三年，可连选可以连任。法定代表人、董事、经理、监事信息如表2-12所示，企业需如实填写。“居所”，中国公民填写户籍登记住址，非中国公民填写居住地址；“产生方式”按照章程规定填写，董事、监事一般为“选举”或“委派”，经理一般应为“聘任”。

表2-12　　法定代表人、董事、经理、监事信息表

股东在本表的盖章或签字视为对下列人员职务的确认。如可另行提交下列人员的任职文件，则无需股东在本表盖章或签字。

姓名	现居所	职务信息			是否为法定代表人	法定代表人移动电话
		职务	任职期限	产生方式		
全体股东盖章签字						

延伸阅读2-8

法人与法定代表人

法人是享有民事权利能力和民事行为能力，以自己的名义享有民事权利和负担民事义务的组织。法人是一种组织，而不是某一个人，其本身不具有自然状态上的行为能力，法人的行为只有通过自然人才能得以体现和实施。依据分类管理的需要，法人分为：企业法人，如有限公司与股份公司；机关法人，如财政部；事业单位法人，如大学、国家图书馆；社会团体法人，如协会、学会、研究会等。

法定代表人是一个确定的法律概念，它是指依照法律或法人组织章程规定，代表法人行使职权的负责人，代表法人进行民事活动的自然人，且该自然人只有代表法人从事民事活动和民事诉讼活动时才具有这种身份。法定代表人有权直接代表本单位向人民法院起诉和应诉，其所进行的诉讼行为，就是本单位（或法人）的诉讼行为，直接对本单位（或法人）发生法律效力。

公司的法定代表人一般为董事长或执行董事或经理，而证券交易所的法定代表人为总经理，全民所有制工业企业的法定代表人为厂长或经理。

股东、董事、经理、监事的区分

股东是股份制公司的出资人或叫投资人，股东作为出资者按其出资数额（股东另有约定的除外），享有所有者的分享收益、参与重大决策和选择管理者等权利。以股东主体身份来分，可分机构股东和个人股东。机构股东包括各类公司、各类全民和集体所有制企业、各类非营利法人和基金等机构和组织。个人股东是指一般的自然人股东。股东有权选举和被选举为董事会成员、监事会成员。股东对内不能执行管理职能，对外不能代表公司。

董事由公司股东会选举产生，股东或不是股东都行。董事会由所有股东组成，对外代表公司进行经济活动。《公司法》规定有限责任公司的董事成员为3—13人，股份有限公司的董事会成员为5—19人。董事会中的职工代表由公司职工通过职工代表大会、职工大会或者其他形式民主选举产生，非职工代表董事由股东（大）会选举或更换，任期由公司章程规定，但每届任期不得超过3年。董事任期从股东（大）会决议通过之日起计算，至本届董事会任期届满时止。董事任期届满，连选可以连任。

总经理的主要职责是负责公司日常业务的经营管理，经董事会授权，对外签订合同和处理业务；组织经营管理班子，提出任免副总经理、总经济师、总工程师及部门经理等高级职员的人选，并报董事会批准；定期向董事会报告业务情况，向董事会提交年度报告及各种报表、计划、方案，包括经营计划、利润分配方案、弥补亏损方案等。

在我国，由监事组成的监督机构称为监事会，是公司必备的法定的监督机关。监事或监事会的作用主要是对董事、高级管理人员等的行为进行监督。因此，董事、高级管理人员不得兼任监事。公司设监事会，其成员不得少于三人。监事会应当包括股东代表和适当比例的公司职工代表，其中职工代表的比例不得低于三分之一，具体比例由公司章程规定。监事会中的职工代表由公司职工通过职工代表大会、职工大会或者其他形式民主选举产生。

3.2.7 营业执照

营业执照是市场监督管理机关发给工商企业、个体经营者的准许从事某项生产经营活动的凭证。其格式由国家市场监督管理总局统一规定。其登记事项为：名称、地址、负责人、资金数额、经济成分、经营范围、经营方式、从业人数、经营期限等。营业执照分正本和副本，二者具有相同的法律效力。正本应当置于企业住所或营业场所的醒目位置，营业执照不得伪造、涂改、出租、出借、转让。没有营业执照的工商企业或个体经营者一律不许开业，不得刻制公章、签订合同、注册商标、刊登广告，银行不予开立账户。

在实训环节，市场监督管理局颁发营业执照时，要注意手动点击生成企业的统一社会信用代码，位于营业执照的右上方，并告知企业。至此，整个注册流程结束。在整个注册环节中，市场监督管理局要在审核企业提交的材料时，认真、负责，服务到位。

3.3 税务登记

税务登记是指税务机关根据税法规定，对纳税人的生产经营活动进行登记管理的一项基本制度。它的意义在于：有利于税务机关了解纳税人的基本情况，掌握税源，加强征收与管理，防止漏管漏征，建立税务机关与纳税人之间正常的工作联系，强化税收政策和法规的宣传，增强纳税意识等。按规定，从事生产、经营的纳税人领取工商营业执照的，应当自领取工商营业执照之日起30日内申报办理税务登记。在实训平台中，税务登记包括增值税一般纳税人资格登记和纳税人税务补充信息登记表两部分。

3.3.1 增值税一般纳税人资格登记

增值税一般纳税人资格实行登记制，登记事项由增值税纳税人向其主管税务机关办理。在实训平台中，点击上文图2－5中的税务登记，进入税务局界面，点击“行政审批→税务报道→增值税一般纳税人资格登记”，新建一个流程，如图2－7所示。

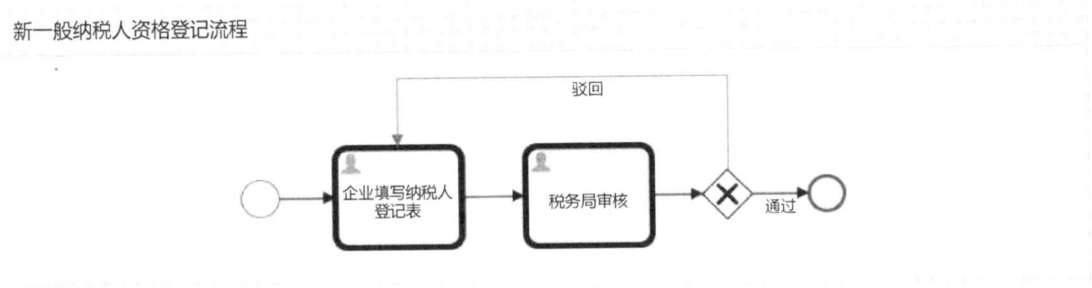

图2－7 一般纳税人资格登记流程

企业填写增值税一般纳税人资格登记表，如表2－13所示，其中“纳税人识别号”在三证合一之后即为营业执照上的统一社会信用代码。增值税一般纳税人资格登记表中，“会计核算健全”是指能够按照国家统一的会计制度规定设置账簿，根据合法、有效凭证进行核算，该项目由纳税人在填表时进行勾选，表明承诺遵守相关规定。一般纳税人资格生效之日，是指纳税人办理登记的当月1日或者次月1日，由纳税人在办理登记手续时自行选择。纳税人自一般纳税人生效之日起，按照增值税一般计税方法计算应纳税额，并可以按照规定领用增值税专用发票。另外，主管税务机关应当加强对税收风险的管理，对税收遵从度低的一般纳税人，主管税务机关可以实行纳税辅导期管理。

表 2－13　　增值税一般纳税人资格登记表

<table>
<tr><td>纳税人名称</td><td colspan="2"></td><td>纳税人识别号</td><td colspan="2"></td></tr>
<tr><td>法定代表人
（负责人、业主）</td><td></td><td>证件名称及号码</td><td></td><td>联系电话</td><td></td></tr>
<tr><td>财务负责人</td><td></td><td>证件名称及号码</td><td></td><td>联系电话</td><td></td></tr>
<tr><td>办税人员</td><td></td><td>证件名称及号码</td><td></td><td>联系电话</td><td></td></tr>
<tr><td>税务登记日期</td><td colspan="5"></td></tr>
<tr><td>生产经营地址</td><td colspan="5"></td></tr>
<tr><td>注册地址</td><td colspan="5"></td></tr>
<tr><td colspan="6">纳税人类别：企业□　非企业性单位□　个体工商户□　其他□</td></tr>
<tr><td colspan="6">主营业务类别：工业□　商业□　服务业□　其他□</td></tr>
<tr><td colspan="6">会计核算健全：是□</td></tr>
<tr><td colspan="6">一般纳税人资格生效之日：当月 1 日□　　次月 1 日□</td></tr>
<tr><td colspan="6">纳税人（代理人）承诺：
上述各项内容真实、可靠、完整。如有虚假，愿意承担相关法律责任。

经办人：　　法定代表人：　　代理人：　　（签章）
年　月　日</td></tr>
<tr><td colspan="6">以下由税务机关填写</td></tr>
<tr><td>主管税务机关受理情况</td><td colspan="5">受理人：　　主管税务机关（章）
年　月　日</td></tr>
</table>

3.3.2　纳税人登记补充信息登记

新建一个“纳税人税务补充信息表”，流程如图 2－8 所示，企业需填写纳税人税务补充信息表，补充表 2－13 中没有的纳税人信息。

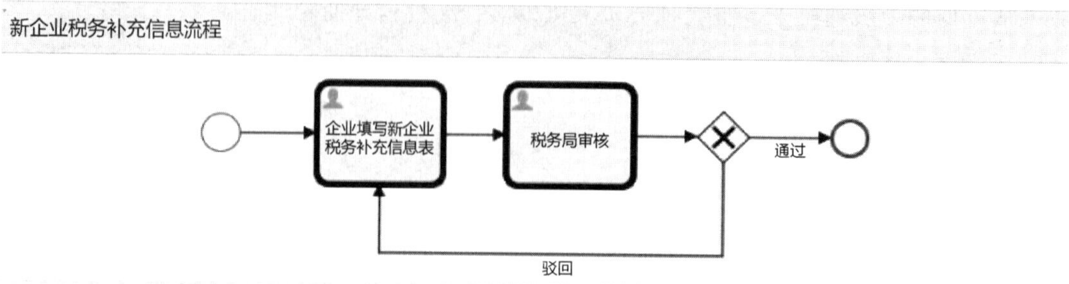

图 2－8　纳税人补充信息流程

如表 2－14 所示。其中“核算方式”分为独立核算和非独立核算。独立核算是指对本单位的业务经营活动过程及其成果进行全面、系统的会计核算，有独立的组织形式，能独立进行经营活动，独立计算盈亏。非独立核算又称报账制，是把与本单位的业务经营活动有关的日常业务资料，逐日或定期报送上级单位，由上级单位进行核算，本身不单独计算盈亏，只记录和计算几个主要指标，进行简易核算。“适用会计制度”一栏，需在企业会计制度、企业会计准则、小企业会计准则、行政事业单位会计制度中选择其一。企业会计准则大多只适用于股份有限公司；而企业会计制度适用于除金融保险企业以外的所有符合条件的大、中型企业；小企业会计制度理论上要符合小型企业标准。税务局在审核时，应检查“税务登记表”填写是否完整准确，审核无误，则本流程结束。

表 2－14　　**纳税人补充信息表**

统一社会信用代码			纳税人名称		
核算方式			从业人员		
适用会计制度					
生产经营地	________省（市/自治区）________市（地区/盟/自治州）________县（自治县/旗/自治旗/市/区）____________乡（民族乡/镇/街道）村（路/社区）________号				
办税人员	身份证件种类	身份证件号码	固定电话	移动电话	电子邮箱
财务负责人	身份证件种类	身份证件号码	固定电话	移动电话	电子邮箱
税务代理人信息					
纳税人识别号		名称	联系电话	电子邮箱	
代扣代缴、代收代缴税款业务情况					
代扣代缴、代收代缴税种			代扣代缴、代收代缴税款业务内容		
经办人签章（签字）： ________年______月______日			纳税人公章（签字）： ________年______月______日		
国标行业（主）			主行业明细行业		
国标行业（附）			国标行业（附）明细行业		
纳税人所处街乡			隶属关系		国地管户类型	
国税主管税务局			国税主管税务局（科、分局）		
地税主管税务局			地税主管税务局（科、分局）		
经办人			信息采集日期		

延伸阅读 2－9

增值税与企业所得税的区别

增值税是以商品生产流通环节或提供劳务的增值额为计税依据而征收的一种流转税。实行价外税，也就是由消费者负担，有增值才征税，没增值不征税。一般纳税人销售或进口货物税率有 17% 和 13%，提供加工、修理修配劳务税率 17%，一般纳税人应纳税额 = 当期销项税额 - 当期进项税额；小规模纳税人的征收率为 4%（商业）和 6%（工业、修理修配行业），小规模纳税人应纳税额 = 销售额 × 征收率。

企业所得税是对企业生产经营所得和其他所得征收的一种税，有所得就交税，无所得就不交。应税所得等于收入减去费用，在一般意义上与利润概念相同，因此，所得（盈利）越多，交纳的税金就越多；没有所得（盈利），也就是亏损，就无需交纳税金。从 2008 年 1 月份开始，企业所得税统一实行 25% 的税率。一般各地对所得税实行按季预交，年终汇算清缴。

增值税与所得税不论是计税方法还是原理都存在着差别，可以说这两者有相似之处但又是完全不同的两个税种。

3.4 银行开户

银行开户是指存款人以单位名称开立的用于办理资金收付结算的人民币活期存款账户，是对公账户。

企业基本账户是企业办理转账结算和现金收付的主办账户，企业经营活动的日常资金收付以及工资、奖金和现金的支取均可通过该账户办理。按人民币银行结算账户管理办法规定，企业只能选择一家银行申请开立一个银行基本账户，该账户是企业开立其他银行结算账户的前提。开设银行基本账户的流程如图 2－9 所示。

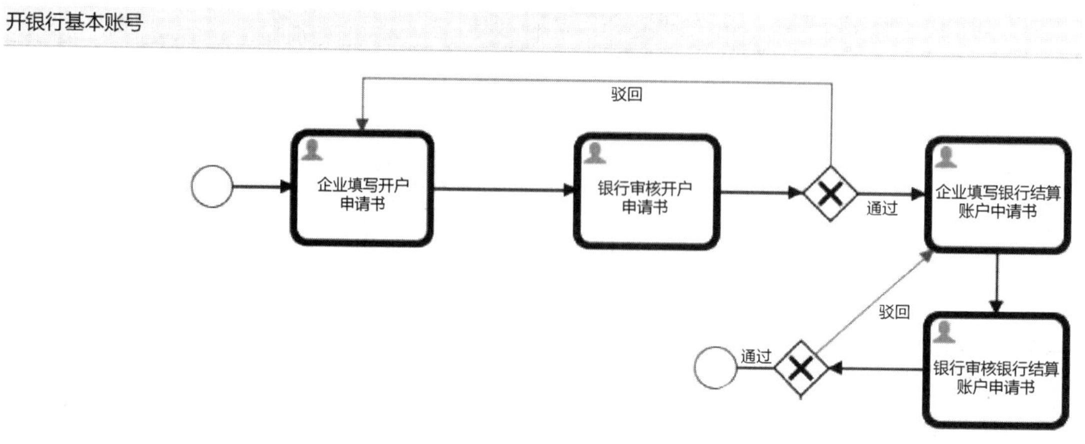

图 2－9 开立银行基本账户流程

延伸阅读2－10

企业银行账户分类

企业银行结算账户按用途分为基本存款账户、一般存款账户、专用存款账户和临时存款账户。

（1）基本存款账户是存款人因办理日常转账结算和现金收付需要开立的银行结算账户。

（2）一般存款账户是存款人在基本账户以外的银行借款转存、与基本存款账户的存款人不在同一地点的附属非独立核算单位开立的账户，或根据其资金管理需要开立的账户。存款人可以通过本账户办理转账结算和现金缴存，但不能办理现金支取。

（3）专用存款账户是存款人按照法律、行政法规和规章，对其特定用途资金进行专项管理和使用而开立的银行结算账户。

（4）临时存款账户是存款人因临时需要并在规定期限使用而开立的银行结算账户。有下列情况的，存款人可以申请开立临时存款账户。①设立临时机构；②异地临时经营活动；③注册验资。境外（含港澳台地区）机构在境从事经营活动的，或境单位在异地从事临时活动的，持政府有关部门批准其从事该项活动的证明文件，经中国人民银行当地分支行核准后可开立临时存款账户。

企业按照流程填写开户申请书，银行通过之后，企业要填写“银行结算账户申请书”（见表2－15），其中“存款人”应填写公司名称、“社会信用代码”“法定代表人”“经营范围”等信息按照企业营业执照上的填写。“行业分类”按照国际标准《国民经济行业分类》来选择。在“资金性质”一栏，基本账户可以写“日常经营”，专用账户按用途写，如：基本建设、更新改造、养老保险等，一般账户按结算需求写，如贷款保证金等。税务登记证编号即纳税人识别号，三证合一之后也就是企业营业执照上的统一社会信用代码。“存款人类别”有企业法人、机关、事业单位、社会团体等，根据实训平台情况应填写企业法人。其他按要求填写，填写完毕后由银行进行审核，审核通过后向企业发放银行基本账户。

表2－15　　　　银行结算账户申请书

<table>
<tr><td>存款人</td><td colspan="2"></td><td>电话</td><td></td></tr>
<tr><td>地址</td><td colspan="2"></td><td>邮编</td><td></td></tr>
<tr><td>存款人类别</td><td></td><td>社会信用代码</td><td colspan="2"></td></tr>
<tr><td rowspan="2">法定代表人</td><td>姓名</td><td colspan="3"></td></tr>
<tr><td>证件种类</td><td colspan="3"></td></tr>
<tr><td>行业分类</td><td colspan="4">A（ ）B（ ）C（ ）D（ ）E（ ）F（ ）G（ ）H（ ）I（ ）J（ ）
K（ ）L（ ）M（ ）N（ ）O（ ）P（ ）Q（ ）R（ ）S（ ）T（ ）</td></tr>
<tr><td>注册资金</td><td></td><td>地区代码</td><td colspan="2"></td></tr>
<tr><td>经营范围</td><td colspan="4"></td></tr>
</table>

续表

证明文件种类		证明文件编号	
税务登记证编号 （国税或地税）			
关联企业	关联企业信息填列在“关联企业登记表”上		
账户性质	基本（ ） 一般（ ） 专用（ ） 临时（ ）		
资金性质		有效日期至	年 月 日

以下栏目由开户银行审核后填写：

<table>
<tr><td>开户银行名称</td><td colspan="2"></td><td>开户银行机构代码</td><td></td></tr>
<tr><td>账户名称</td><td colspan="2"></td><td>账号</td><td></td></tr>
<tr><td colspan="2">基本存款账户开户许可证核准号</td><td></td><td>开户日期</td><td></td></tr>
<tr><td colspan="2">本存款人申请开立单位银行结算账户，并承诺所提供的开户资料真实、有效。

存款人（公章）
年 月 日</td><td colspan="2">开户银行审核意见：

经办人（签章）
存款人（签章）
年 月 日</td><td>人民银行审核意见：

经办人（签章）
人民银行（签章）
年 月 日</td></tr>
</table>

延伸阅读 2－11

国民经济行业分类

行业（或产业）是指从事相同性质的经济活动的所有单位的集合。当一个单位对外从事两种以上的经济活动时，占其单位增加值份额最大的一种活动称为主要活动。如果无法用增加值确定单位的主要活动，可依据销售收入、营业收入或从业人员确定主要活动。

与主要活动相对应的是次要活动和辅助活动。次要活动是指一个单位对外从事的所有经济活动中，除主要活动以外的经济活动。辅助活动是指一个单位的全部活动中，不对外提供产品和劳务的活动。辅助活动是为保证本单位主要活动和次要活动正常运转而进行的一种内部活动。

我国《国民经济行业分类》国家标准于1984年首次发布，分别于1994年和2002年进行修订，2011年第三次修订，2017年第四次修订。该标准（GB/T4754－2017）由国家统计局起草，国家质量监督检验检疫总局、国家标准化管理委员会批准发布，于2017年10月1日实施。本标准规定了全社会经济活动的分类与代码。国家标准适用于在统计、计划、财政、税收、市场监督管理等国家宏观管理中对经济活动的分类，并用于信息处理和信息交换。

思考题

1. CEO如何提升本团队的执行力？

2. 怎样使你的简历应具有特色?

3. 假如你要注册一家公司，怎么在网上申请?

实训环节 2－2

企业设立登记

一、实训目的

1. 要求学生熟悉企业登记流程。

2. 要求学生会填写企业登记、税务登记、银行开户所需资料。

3. 使学生在此实训过程中体验团队分工与合作及与商务服务机构的交互活动。

二、实训内容

1. 实训平台的注册和登录。

2. 企业（机构）进入不同园区。

3. 完成企业登记。

具体内容：企业填写委托人申请书—市场监督管理局审核—企业填写名称预先核准申请书—市场监督管理局审核—企业填写投资人名录—市场监督管理局审核—市场监督管理局发放名称核准预先通知书—企业填写企业登记申请书—市场监督管理局审核—企业填写法人代表级经营信息—市场监督管理局审核—市场监督管理局发放营业执照—市场监督管理局发放营业执照副本。

4. 完成税务登记—行政审批。

具体内容：行政审批—税务报到—增值税一般纳税人资格—纳税人补充信息表。

5. 开启企业基本账户。

具体内容：开户业务—银行开户申请表—填写“开立单位银行结算账户申请书”。

三、实训组织

1. 分组进行。

2. 按照市场监督管理局→税务局→商业银行的顺序依次进行。

3. 线上提交申请，等待相关部门审核，审核通过才可继续进行。

4. 三项任务全部完成则本环节结束。

项目 3
商务决策设计

项目架构图

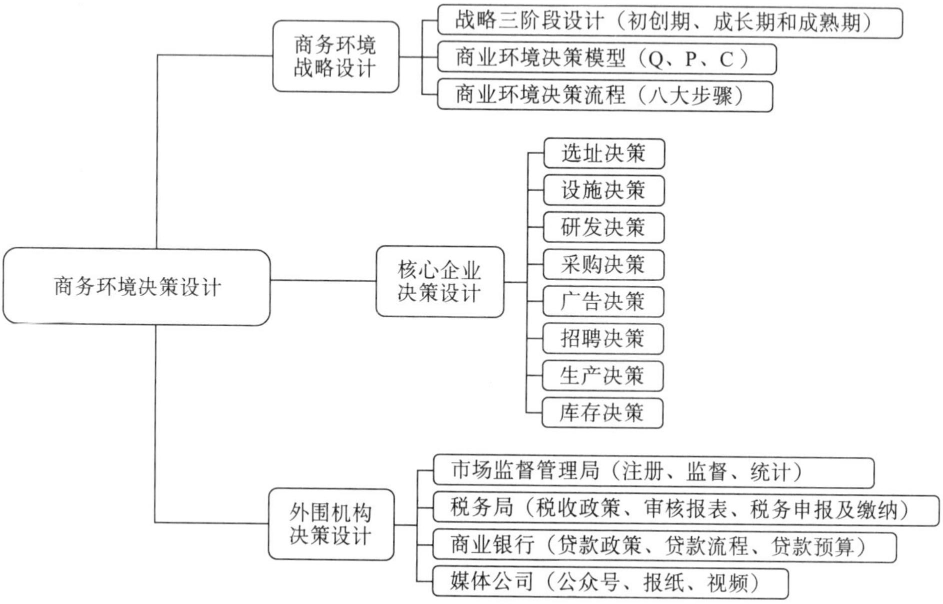

课堂导入

商务规则的重要性

规则是指规定出来供大家共同遵守的制度或章程，是需要每个社会公民承认和遵守的。

“不以规矩，不成方圆”告诉我们，在环境中每个人必须要遵守环境规则，才能在环境中生存、发展和壮大；“工欲善其事必先利其器”告诉我们，要实现个人的不断发展和壮大就必须合理运用规则；“规矩就是用来打破的”告诉我们，在新时代，需要不断创新，不断创造，才能建立一个更加美好的环境。

课堂分享

请本商务决策模拟环境中几个企业（机构）的成员结合所选择的岗位分享针对规则的观点和看法，尤其是外围服务机构中的市场监督管理局、税务局和商业银行。

本课程为了实现让学生在体验中思考、在思考中对抗、在对抗中合作，设置了一系列的数据模型和运算规则，这些都是学生进行决策的先导条件。只有在充分了解、理解、掌握和综合运用这些规则，才能保证内部的核心企业在供应链体系中各就其位，充分实现企业的经营目标，实现整个供应链的利润最大化；才能保证外部的服务机构在整个商业圈中各司其职，保证商业环境稳定有序、不断创新、公平合理地发展壮大。最终在相对完善的规则下实现教学进程的正常运行。

实训目的

1. 掌握商业环境战略三阶段划分、决策模型和决策流程。

2. 掌握选址决策规则、设施决策规则、研发决策规则、采购决策规则、广告决策规则、招聘决策规则、生产决策规则和库存决策规则。

3. 掌握市场监督管理局三项工作规则：年检、监督、统计。

4. 掌握税务局三项工作规则：税收政策、报表审核、税务申报及缴纳。

5. 掌握商业银行三项工作规则：贷款政策、贷款流程和贷款预算。

6. 掌握多媒体三项工作规则：公众号推文、报纸、视频。

价值引领目标

1. 通过学生对岗位设置规则的运用和分享，强化学生针对企业岗位的认知，提升学生的就业观念。

2. 通过“浸入式”实训，让学生全面体验具体岗位层面的工作内容和要求，提升学生就业素质和修养。

任务1　商务战略设计

从项目1商务决策认知模块中我们知道，本课程中整个商务环境由固定的系统、明确的产品、一定的市场销售区域、市场变化趋势图组成，并且我们把在商务环境中企业的发展划分为初创期、成长期和成熟期三个战略阶段。下面将通过具体的分析来说明三个阶段的划分依据，并针对核心企业进行整个商业环境的战略设计。

1.1　战略三阶段设计

首先，我们要明确当前商业环境中运营主体有25家核心企业和4家商务服务机构，其中25家核心企业分为13家制造企业、6家原料供应商和6家贸易企业；其次，当前环境最终市场上交易对象有4种产品，分别是L型、H型、O型、S型，各产品市场指导价格分别是4 000元、6 000元、9 000元和12 000元；最后，就是市场变动趋势图，我们根据以上设计了商业环境市场变动比例表，具体如表3-1所示。

表 3-1 商业环境市场变动比例表 单位：%

产品	1T	2T	3T	4T	5T	6T	7T	8T	9T	10T
L 型	10	30	0	-30	-100	-105	-110	-115	-120	-130
H 型	5	10	25	35	0	-50	-100	-105	-110	-115
O 型	1	5	10	20	30	15	10	0	-20	-30
S 型	1	2	3	5	10	15	20	25	30	35

针对商业环境市场变动比例表，有个前提就是本期的市场需求取决于上一期整个商业环境中的制造企业的供给量，并在供给量的基础上进行一定的百分比变化。举例来说，L型产品第2期的市场需求量在表3-1中为30，说明所有制造企业在第1期生产任务完成以后能够提供产品的数量增加了30%，就是第2期时L型产品的需求量，假如所有制造企业库存有1 000个L型产品，在第1期安排生产9 000个L型产品，到第2期就能够向市场供应10 000个L型产品，因此在市场上的实际需求量就是10 000个再加上10 000×30%，等于13 000个。

延伸阅读 3-1

1. 商业环境软件参数

在进行商务环境设计时，需要确定几个基本参数：基础参数、竞单参数和金融参数。其中基础参数主要说明每一个周期T表示一个自然季度；竞单参数包括订单等待时间（150秒）、取消订单手续费（比例5%）、单位体积商品物流费用（10元）、贸易企业订单数量单位为（10单）、制造企业订单数量（单位为1单）、每单最大数量（2 000个产品）；金融参数（设定固定资产折旧年限为40个周期，基准金利率为20‰，贷款利率在这个基础上上下浮动）。

2. 产品设计原理

在整个商务决策环境中有L型、H型、O型和S型四种产品可以在市场进行销售，其中L型和H型属于低端产品，利润空间比较小，O型和S型属于高端产品，利润空间比较大，并且L型产品是H型、O型、S型三种产品的中间件，也就是说，生产H型、O型和S型三种产品时，必须用L型产品作为其他三种产品的原材料，对核心企业来说，为了追求利润最大化，最终企业会不停地进行产品创新，设计出更高附加值的新产品。

1.1.1 初创期

在商业环境的第1—4季度，我们发现产品种类有L型和H型产品，并且以L型产品为主，O型和S型产量很小，可以忽略不计。根据［延伸阅读3-1］竞单参数有关订单的设定，我们可知，本年市场需求量是由上一年（第1—4季度）的生产量决定的，在企业发展初期，各家制造企业生产设置不完备，产能不足，所以市场上需求量也有限，且市场上以L型产品为主，盈利空间有限。再加上企业需要投入大量资金建设厂区、厂房、生长线等设施设备，需要大量的资金，企业还要进行产品研发、采购原料、招聘工人等生产活动，这些都会产生生产成本。所以在企业初创期最好采取稳固策略，在保证企业正常投资的基础上进行资源优化配置，尽可能减少成本，增加产量，为将来的发展打基础。

1.1.2　成长期

在商业环境的第5—7季度，我们发现产品种类有L型、H型、O型和S型四种产品，并且以O型产品为主，H型产品市场需求快速下降，S型产量没上规模，L型产品完全退出市场，根据［延伸阅读3－1］竞单参数产品设计的设定，L型可以作为H型、O型和S型产品的原材料进行生产，在商业环境市场最大体量不变的情况下，13家制造企业的订单量（13×2 000）+6家贸易企业订单量（6×10×2 000）为146 000个产品。假设整个市场只有H型产品，则最大消费规模为：6 000×146 000＝876 000 000（元），即8.76亿元。成长期市场上产品种类有H型、O型和S型3种产品，在各项产品研发成功的前提下，生产成本大幅降低，盈利空间变大，在前期各项固定资产投资已经完成的情况下，只需要进行固定资产折旧，此时影响生产成本的主要因素就是原材料。因而最好的策略就是发展策略，在保证企业正常投资的基础上进行资源优化配置、准确定位，建立牢固的战略同盟，形成价格优势。

1.1.3　成熟期

在商业环境的第8—10季度，市场上产品种类有O型和S型2种产品，并且以O型产品为主，L型、H型产品已经退出市场。根据［延伸阅读3－1］，因为L型可以作为H型、O型和S型的原材料进行生产，在商业环境市场最大体量不变的情况下，13家制造企业的订单量（13×2 000）+6家贸易企业订单量（6×10×2 000）为146 000个产品。假如此期间整个市场均为O型产品，则市场最大规模为：12 000×146 000＝1 752 000 000（元），即17.52亿元的市场体量。此时，13家制造企业在进行市场竞争的过程中，已经形成各自的竞争的优势和核心产品，因而在市场规模不变的情况，最好的策略就是集中策略，在保证企业正常投资的基础上进行资源优化配置，形成竞争优势，争取最大利润收益。

［思考3－1］企业的战略三阶段（见表3－2）

表3－2　企业的战略三阶段

企业类型	战略三阶段规划
制造企业	初创期（1—4季度）： 成长期（5—7季度）： 成熟期（8—10季度）：
原材料供应商	初创期（1—4季度）： 成长期（5—7季度）： 成熟期（8—10季度）：
贸易企业	初创期（1—4季度）： 成长期（5—7季度）： 成熟期（8—10季度）：

要求：根据企业团队的决策，每个发展阶段从研发、生产、市场、财务、经营目标5个方面阐述企业战略规划。

1.2 商务环境决策模型设计

商务决策的重点是核心企业战略设计，我们把利润最大化 π_{max} 作为决策的第一目标，具体参考公式 3－1。

$$\pi_{max} = R - C \qquad (公式 3-1)$$

其中 π_{max} 表示利润最大化，R 表示销售收入，C 表示投入成本。有关 R 和 C 的计算参考公式 3－2：

$$R = Q \times P,\ C = C_{不变成本} + C_{可变成本} \qquad (公式 3-2)$$

其中 Q 表示销售数量，P 表示产品价格。核心企业就可以根据利润来分析评价不同决策策略的优劣，从而找出当前最符合企业经营战略的决策策略，为企业的具体经营打下坚实的基础。

1.2.1 Q 的决策设定

本实训中设定具有一定竞争性的“买”方市场，即各期产品市场总需求略小于市场总供给。其中，“买”方由系统模拟，“卖”方由核心企业的制造企业组成。因为全部市场划分为六个国内分市场和亚洲市场一个国际分市场。因此，我们不仅需要考虑市场上的总供给和总需求，还要考虑企业在分市场上的供给和需求。其中总供给 Q_s 和总需求 Q_D 的关系如公式 3－3 所示：

$$Q_D^T = Q_S^{T-1} \times \alpha,\ \alpha \in (0.95,\ 1.95) \qquad (公式 3-3)$$

其中 T 表示企业经营季度，T＝1，2，3…，α 表示常数，取值范围在 1 上下浮动 0.05，这是本跨专业综合软件设置的。我们可以看出，在本实训设置中，本季度的市场总需求由上一季度所有制造企业的供给来决定。换句话说，市场的总需求是由上一季度所有制造企业生产的数量 Q 和所有库存数量 Q 来决定。即：制造企业本季度生产制造的产品越多，下一季度市场情况越好。

具体到国内分市场和国际分市场的需求情况，我们可以参考公式 3－4：

$$Q_{本地}^T = Q_{生产}^{T-1} \times \lambda + Q_{生产}^{T-1} \times (1-\lambda) \times \beta_{本地市场} \qquad (公式 3-4)$$

本公式来自于本商务决策综合实训软件内部设置。其中 $Q_{本地}^T$ 表示本地市场的需求数量，$Q_{生产}^{T-1}$ 表示本地市场所有制造企业的上一季度总产量，λ 为留存本地产品市场需求量比例（具体数据信息请查阅附录 1 中附表 2），$\beta_{本地市场}$ 表示本地市场所有企业的有效广告费用在所有市场中所占到市场份额。比如我们现在只有两个市场：北京和武汉，武汉本地所有制造企业上一季度产品 L 生产数量为 10 000 件，北京本地所有制造企业上一季度产品 L 生产数量为 10 000 件，武汉本地留存比例 45%，北京本地留存比例 30%，武汉本地有效广告费占比 60%，北京本地有效广告费占比为 40%，那么武汉和北京本地本期 L 产品的需求数量可以参考公式 3－4，计算如下：

$$Q_{武汉} = 10\,000 \times 45\% + [10\,000(1-45\%) + 10\,000(1-30\%)] \times 60\% = 12\,000\ (件)$$

$$Q_{北京} = 10\,000 \times 30\% + [10\,000(1-45\%) + 10\,000(1-30\%)] \times 40\% = 8\,000\ (件)$$

可以看出，各市场的需求量有两部分组成，一部分是本地市场生产产品留存，另一部分是广告效应产生的市场需求。

1.2.2 P的决策设定

本实训中有关价格P的决策规则有三个方面：第一，原材料供应商和制造企业之间通过谈判商定的价格$P_{材料}$，属于线下价格；第二，制造企业和贸易企业之间通过谈判确定的价格$P_{产品}$，也属于线下价格；第三是制造企业、贸易企业通过市场竞单，最终形成市场订单而确定的价格$P_{市场}$，属于线上价格。

材料价格$P_{材料}$和产品价格$P_{产品}$都是通过学生的主观能动性发挥而确定的，需要企业之间进行相对和谐、公平、公正的进行，属于个人可以自由发挥各项能力的部分。市场价格$P_{市场}$则是依据市场竞单规则进行确定。

（1）有关市场订单的生成。本商务环境中设定每个季度经营过程中，贸易企业在市场上可以签订10个市场订单，制造企业在市场上可以签订1个市场订单，原材料供应商不用投放广告也不需要市场定单，只需要通过与制造企业签订合同完成原材料的销售。每张订单最大产品数量是2 000件，竞单时间为150秒，竞单保护期为为1 800秒。如果竞单成功，但是超过1 800秒来签订合同，本市场其他竞争者可以取消该订单。该订单又会回到市场，并重新进行竞单。

有关订单的生成，主要发生在每个季度初，企业根据自身需求向订单池申请订单，所申请的产品数量由企业自行决定，但是每张订单产品数量不能多于2 000件。我们以L型产品为例，假设某个市场订单池里面有3 000件产品，贸易企业A申请订单数量2 000件，就会形成一个市场价格为4 000元（初始价）、需求数量为2 000件的订单。如果有其他企业竞争这张订单，可以通过报价、投放广告、质资认证等手段提高竞单得分（竞价规则参考下文有关$P_{市场}$的确定），只要竞单得分大于贸易企业A，就可以赢取这张订单。如果没有其他竞争者竞价并且竞单得分为正，贸易企业A仍然可以对这个订单继续提高竞价（售价），从而提高企业收益。

如果某个制造企业本季度只生产了1 000件产品，就无法和贸易企业A竞争这张2 000件的订单，它只能重新在订单池里申请数量≤1 000件的新订单，这样就又生成一个市场价格4 000元（初始价）、需求数量≤1 000件的新订单。

（2）有关$P_{市场}$的确定。以L产品为例，市场参考价格为4 000元，每张订单上呈现出L产品市场价格$P_{市场}$、数量Q和竞单得分。根据实训平台竞单规则设定，每张市场订单的竞单得分核算为：

竞单得分 = 价格得分 + 市场影响力得分 + 质量得分 + 永久开拓得分

价格得分以市场参考价格为基准。对市场来说，价格越低越好，对企业来说，价格越低越好。实训平台设定：如果竞单报价高于标底1%，则扣 -10分，比如出价4 040元，高于标底1%，则扣除10分；竞单报价低于标底1%，则加2分，例如出价3 960元，低于标底1%，则加2分。如果出价为4 010元高出标底价为0.25%，此时四舍五入不扣分，价格分满分为100分。

市场影响得分由企业在市场中广告投放有效资金占市场中所有企业广告投放有效资金占比决定，市场影响力 = 本企业市场有效广告投资总额 / 该市场所有企业有效广告投资总额，其取值范围为［0%，100%］。本实训平台设定，市场影响力占1%，加0.5分，例如核算出该企业市场影响力为50%，则得分25分。

质量得分由企业产品资质认证来确定，质量认证包括 ISO9000 和 ISO14000，企业每成功认证一个质量认证，获得相应竞单加分，且竞单加分永久生效。在本实训平台中，企业获得质资认证的规则，见表 3－3。

表 3－3 质量认证信息表

资质认证名称	需要时间（季度）	最少投入（元/季度）	竞单加分	总投入（元/季度）
ISO9000	1	1 000 000	10	1 000 000
ISO14000	2	500 000	10	1 000 000

永久开拓得分与企业的厂址和广告投放有关。实训平台设定达到永久开拓有两种情况，一种是企业在该地区建设厂区，软件环境默认企业在该地区永久开拓，另外一种是在该市场投放广告金额累计达到永久开拓标准（具体请参考附录 1 中附表 11）。企业在永久市场上竞单时，竞单得分直接加 3 分。

1.2.3 C 的决策设定

产品成本 C 作为企业运营的重要决策依据，是企业进行谈判的基础，因此，在进行战略规划时应该考虑企业的五种运营状态：垄断经营（垄断利润）、正常经营（正常利润）、盈亏平衡（收支平衡）、亏损经营（折旧不分摊）和破产，从而做出相对合理的规划和决策。

对于贸易企业，购买产品的价格 $P_{产品}$ 再加上其他的费用分摊就可以确定出贸易企业的成本。产品的市场价格的设定见表 3－4。

表 3－4 产品市场价格和库存成本

产品名称	市场参考价格（元）	库存成本（元/件・季度）
L 型	4 000	100
H 型	6 000	150
O 型	9 000	150
S 型	12 000	150

制造企业的成本 C 除了购买原材料的价格 $P_{材料}$，还有企业上一期产生的各项费用分摊，每家制造企业的成本核算可以参考公式 3－5：

$$C^{T}_{成本}=\frac{管理费用+销售费用+财务费用}{Q^{T-1}_{生产}}+P_{材料} \qquad （公式 3－5）$$

其中销售费用为投放广告金额，财务费用为贷款利息，管理费用包括本期的运输物流费用、设备维护费、研发人员工资等，还包括需要分摊的扩建厂区、研发费用、各种设备折旧等。

库存成本，无论厂房或库房是购买或租赁的，都需支付原材料或产成品保管费用，要对存放在库房中的原材料和产成品按照期末存放的数量收取保管费用，具体设定如表 3－5 所示。

表3－5　原辅料库存成本表

原辅材料名称	库存成本（元/件）
M1	50
M2	50
M3	50
M4	50
M5	50
M－X	50

1.3　商务决策流程设计

英国著名的物流和供应链管理学家马丁·克里斯托弗（Martin Christopher）说过，未来的竞争不是企业和企业之间的竞争，而是供应链之间的竞争。在本次商务环境中有两大主体核心企业和外围商务服务机构，其中商务服务机构是围绕核心企业而存在，因此整个商务决策流程可以体现为核心企业之间的决策过程（见图3－1）。

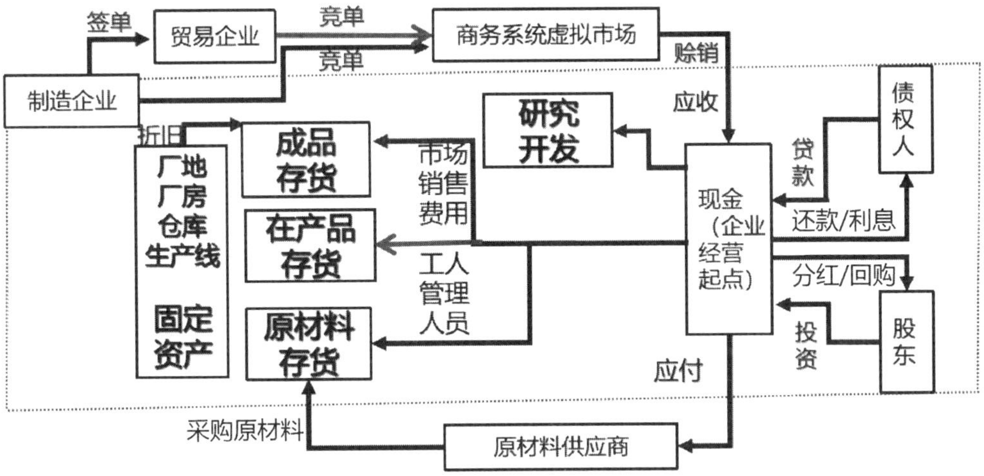

图3－1　商务决策流程

从图3－1我们可以看出，在商务环境中，由原材料供应商—制造企业—贸易企业—市场形成了一个完整的供应链，原材料供应商提供原料、制造企业通过生产提供各种类型的产品、贸易企业从市场上获取订单并销售，最终实现整个供应链的不断发展。原材料供应商和制造企业作为供应链条里面的上游企业，定位就是如何生产出产量大、成本低，满足市场需要的原材料和产品；贸易企业作为供应链条里面的下游企业，定位就是如何卖出数量大、价格高、满足市场需要的商品。

具体的商务决策流程可以分为八个步骤：选择厂址、购买厂区—产品研发—建设厂房、仓库、生产线—采购原材料—招聘人员组织生产—广告投放—销售管理—组织交货，回收账款、完成经营。

1.3.1 确定厂址，购买厂区

在本商务决策环境中，对制造企业及原材料供应商来说，企业只有一块土地来进行有关生产的一切决策，企业只有在购置厂区后，才能有后续的所有生产活动，比如仓库、生产线、产品研发……对贸易企业来说，厂区也是所有决策的先导要素，有了厂区，才能开展各项商业活动。

1.3.2 产品研发

有了厂区以后，制造类企业要根据战略规划三阶段来对企业产品研发进行指导，实施企业产品策略，从而保证企业既有获取大量现金收入的金牛类产品，也要有适应未来市场需求的明星类产品。

贸易企业虽然不用进行研发，但是要随时关注制造类企业的研发情况，从而对未来市场上出现的产品需求进行准确地预测。

1.3.3 建设厂房、仓库和生产线

对制造类企业来说，完成企业厂区购买和产品研发决策以后，就可以进行厂房、仓库、生产线的购买或租赁决策。其中厂房购买是前导要素，企业只有在购买厂房后，才可以购买生产线。可以选择购买或者租赁仓库，用来存放开展生产所需的原辅材料及产成品。

对贸易企业来说，企业不需要购买生产线，但是需要建仓库来满足购买产品的存储需要。当然仓库也可以租赁。

1.3.4 采购原材料/成品

当企业完成前面的基本准备以后，说明企业对内的资源投放工作基本完成，可以开展开对外的资源投放。对制造类企业来说，需要从外大量购买原材料，有了原材料以后才能根据产品工艺文件进行下一步的生产投产。购买原材料就成了企业生产的第一个关键决策，少买多买原材料，或者买错时间了，都会影响到企业的生产。因此采购原材料一定要注意几个关键要素：原料种类、原料数量、购买时间和原料价格，需要企业提前做好采购计划。

对贸易类企业来说，采购的是 L 型、H 型、O 型和 S 型四种产品，采购的方式是通过商业谈判，签订商务合同，因此，贸易企业也要注意几个关键要素：产品数量、产品种类、购买时间和产品价格。

1.3.5 招聘人员组织生产

制造企业的发展必须做到规模效应，才能保证产品实现产量大、成本低的定位要求，这需要大量的生产线投入，及更多的生产人员和车间管理人员。如何让生产线充分发挥生产能力，如何实现人员投入比例最优，这就是在本环节需要进行的决策任务。

对贸易企业来说，没有生产任务，但需要进行充分市场调查，了解生产行情，预测市场需求数量。

1.3.6 广告投放

企业要想实现营业创收，主要途径是把库存产品销售出去，这就必须进行符合市场要求的广告投放。

对原材料供应商来说，在商务环境中不需要进行广告投放，只需要和制造企业进行商务谈判，签订商务合同，就可以实现企业经营创收。

对制造企业来说，可以进行广告投放，也可以不进行广告投放。制造企业可以和贸易企业通过商务谈判签订产品销售合同，这种情况下不需要投放广告。在本商务决策环境中，制造企业在进行厂区决策后，就意味着在本地市场永久开拓了，可以自由进出市场进行销售而不需要投放广告；当然制造企业为了提高竞价也可以投放广告，但是通过市场只能签订一个订单，且每个订单产品数量不能超过2 000个。

对贸易企业来说，只能通过投放广告才能进入多个市场进行产品销售，获得企业创收。因此贸易企业在广告投放环节应该关注企业类型、投放区域、投放金额和投放类型（采用群体投放还是个体投放），具体请参照附录1中的附表11。

1.3.7 销售管理

在本课程实训中，主要销售方式有两种：

第一种：市场竞单。即通过在系统模拟的市场中进行竞单销售。企业可以通过投入广告费开拓市场、销售产品。根据市场竞单规则进行市场竞价，具体竞单情况请参考项目3中“1.2.2 P的决策设定”。

在本商务决策环境中进行市场竞单时，有两点需要注意：一是竞单期为150秒，二是签单期为1 800秒。

所谓竞单期150秒是指从市场订单生成开始计算时间，经过150秒的市场竞价，由竞单得分排名第一的企业获得这张订单的签单权。所谓签单期1 800秒是指企业获得签单权后，企业需要在1 800秒的期限内签订合同，如果该企业在1 800秒内没有签订合同，则过了签单期，系统就默认该企业放弃这个市场订单，那么参与过这张订单竞单的任何一家企业都有权利取消该企业的订单签单权，同时产生两个结果：一是该企业支付这张订单销售额的5%的罚金，作为竞单而不签单的惩罚；另一方面这张订单取消，需求量回到市场可以重新进行市场竞单。

第二种：谈判。这主要体现在原材料供应商和制造企业之间、制造企业和贸易企业之间的谈判，签订销售合同进行原材料或产品销售。

谈判签订合同时，均由采购方创建交易，在采购部的采购合同里创建采购订单，生成物料交易合同申请，内容包括选择采购的物料类型（原材料和产成品）、采购数量、采购时间、总金额（含税价，总金额包括了增值税）。要特别注意采购时间，实训平台提供三种方式：本季度采购、下一季度采购、下两个季度采购，选择本季度采购则当季度可以到货，选择下一季度采购则在下一个季度才能到货，选择下两个季度采购则在下两个季度才能到货。根据软件系统设定的规则，签订合同的的当季，卖方收不到货款，会形成账期为一个季度的应收账款。

需要提醒的是，产品L不仅是市场上的低端产品，也是生产高端产品的中间件，所以实训系统开放L产品在企业之间的交易权。应根据市场环境和企业自身发展状况，选择低端或高端产品供应，避免激烈的市场竞争。

1.3.8 组织交货，回收货款，完成经营

这是企业商业决策的最后一步，不管是原材料供应商、制造企业，还是贸易企业，作为一家具有独立法人资格的企业，在企业经营的过程中要对股东负责，保证企业的价值实现增值。原材料供应商根据和制造企业签订的原材料采购合同进行交货，回收账款，核算成本，填写财务报表。制造企业根据与贸易企业或者市场签订的产品采购合同进行交货，回收账款，核算成本，填写财务报表。贸易企业根据获得的市场订单进行交货，回收账款，核算成本，填写财务报表。

任务2 核心企业决策设计

在本商务决策环境中，核心企业包括原材料供应商、制造企业、贸易企业，三者该如何组建供应链同盟？在供应链同盟里又该如何在保证企业自身发展的情况下分配利益？在运营这三类企业时，需要进行具体的决策设计。本节就以核心企业中的制造企业为例设计运营决策。

2.1 选址决策设计

所谓选址，是指如何运用科学的方法决定地理位置，使之与整体运作系统有机结合，以便有效、经济地达到整体目标。对于一个特定的企业，其最优选址取决于该企业的类型。工业选址决策主要是为了追求成本最小化；而零售业或专业服务性组织机构一般追求收益最大化；至于仓库选址，可能要综合考虑成本及运输速度的问题。总之，选址的战略目标是使厂址选择能给工厂带来最大化的收益。在商务决策中提供了北京、大连、武汉、深圳、沈阳、成都六个可选择厂区，每个地点区域内都有不同类型的大、小型厂区可供选择。这些都是进行定量决策的重要依据，具体参考［延伸阅读3－2］。

延伸阅读3－2

厂区选址信息和市场产品留存比例信息

1. 厂区原则

本商务决策环境中，各地区的厂区规则如表3－6所示。不同地区的土地价格不同，比如同样是购买小型厂区，北京小型厂区需要资金100万元，而购买武汉小型厂区仅需80万元。制造企业进行购买厂区决策时可以根据财务规划核算投入成本。

在厂区购买决策中，企业竞争者需共同遵守如下规则：

规则1：系统默认每个企业在整个经营过程中，只能购买一个厂区，厂区购买必须一次性付款。

表 3-6　　厂区基本情况表

所在地区	代表城市	厂区类型	厂区面积（m^2）	价格（元）	竞单加分
京津唐经济特区	北京	小型	1 000	1 000 000	3
		大型	1 200	1 200 000	3
环渤海经济特区	大连	小型	1 000	850 000	3
		大型	1 200	1 020 000	3
长三角经济特区	武汉	小型	1 000	800 000	3
		大型	1 200	960 000	3
珠三角经济特区	深圳	小型	1 000	1 100 000	3
		大型	1 200	1 320 000	3
东北老工业基地	沈阳	小型	1 000	900 000	3
		大型	1 200	1 080 000	3
西部大开发基地	成都	小型	1 000	700 000	3
		大型	1 200	840 000	3

规则2：购买厂区后，所有类型厂区系统默认有一定大小面积，可以根据需要建设仓库、厂房。

规则3：当企业在经营过程中需要增设厂房或仓库，而厂区面积又不足时，可以对厂区进行扩建。每次厂区扩建的面积、扩建的费用，按照该公式核算：每次扩建面积 = 厂区现有面积/(已扩展次数 +1)^2，每次扩建金额 = 每次扩建面积 × 土地的价钱。

规则4：不同厂区的土地价格不同，不同类型的厂区面积大小不同。

规则5：购买厂区后，不需要支付开拓费用即可拥有该地区的市场进入资格，在系统中将该市场标记为“本地市场”，并在竞单中具有永久市场的分值（3分）。

规则6：购买厂区或扩建后，当季度可以使用。

规则7：厂区内的建筑物，当季度租赁或者是建造后，当季度可以使用，租赁的建筑物不占用厂区的面积，建造的建筑物占用厂区面积。

2. 市场产品留存比例

在企业进行厂区购买决策时还有另外一个需要考虑的因素，即该市场产品留存比例，它是指该市场生产的产品数量有多少比例会留在本地（其余的会流向其他市场），反映该市场的产品需求和流动情况。本商务决策环境具体设置的各市场留存比例参考表3-7。

表 3-7　　市场产品留存比例

厂区	北京	大连	武汉	深圳	沈阳	成都	亚洲
L 型	30%	35%	45%	35%	46%	60%	90%
O 型	45%	30%	46%	60%	45%	40%	30%
H 型	51%	45%	40%	50%	35%	35%	20%
S 型	49%	45%	50%	20%	40%	40%	10%

针对市场产品留存比例，举例来说，假定目前只有大连和武汉两个市场，按上表3-7的设定，武汉L类型产品本地需求量为45%，假设在武汉建厂的所有制造企业上季度生

产L类型产品6万件，武汉市场上所有企业投入市场营销有效资金40万元；大连L类型产品本地需求量为35%，假设大连所有制造企业上季度生产L类型产品4万件，大连所有企业上季度投入市场营销有效资金60万元。

武汉市场的需求状况有三个方面：第一，武汉本季度本地留存市场需求为2.7万件（6万×45%）；第二，剩余3.3万件（6万－2.7万）L类型产品到市场中等待再次分配；第三，本地总需求量＝本地留存市场需求＋市场再分配。

对大连企业来说，第一，大连本季度本地留存市场需求为1.4万件（4万×35%）；第二，剩余2.6万件（4万－1.4万）L类型产品到市场中等待再次分配；第三，本地总需求量＝本地留存市场需求＋市场再分配。

市场再分配的L类型产品为武汉再分配加上大连再分配，则有3.3＋2.6＝5.9（万件）。此时所有市场总的有效资金为100万元（40万＋60万）。按照市场营销有效资金的投入比例，我们可以得出：武汉再分配数量为2.36万件（5.9×40/100），大连再分配为3.54万件（5.9×60/100）。

因此，我们最终可以确定，

武汉本地总需求＝2.36＋2.7＝5.06（万件）

大连本地总需求＝1.4＋3.54＝4.94（万件）

在现实生活中，大量的选址成功案例证明，在选址问题上除了定量计算之外，对选址的定性的分析也很重要，定性分析是定量分析的前提。在做定性分析时，下面几条基本原则和［延伸阅读3－2］市场留存比例原则都要遵守。

2.1.1 费用原则

企业首先是经济实体，经济利益无论何时何地对于企业都是重要的。建设初期的固定费用、投入运行后的变动费用、产品出售以后的年收入，都与选址有关。

2.1.2 接近用户原则

对于服务业，几乎无一例外都需要遵循这条原则，如银行储蓄所、邮电局、电影院、医院、学校、零售业的商店等。许多制造企业把工厂建到消费市场附近，以降低运费和损耗。

2.1.3 长远发展原则

企业选址是一项带有战略性的经营管理活动，因此要有战略意识。选址工作要考虑到企业生产力的合理布局，要考虑市场的开拓，要有利于获得新技术新思想。

［思考3－2］企业的选址战略

要求：从北京、武汉、大连、深圳、成都、沈阳中六选一，确定企业的厂址，并描述选择理由（见表3－8）。

表 3-8 企业的选址战略

企业类型	选址区域	选址理由
制造企业		
原材料供应商		
贸易企业		

2.2 设施决策设计

完成企业厂区选址决策以后，就可以根据企业要求确定厂房、仓库、生产线等设施决策，其中厂房决策是前导要素，企业只有购买厂房后，才可以购买生产线，而仓库是只要厂区有面积就可以购买建设，如果面积不够可以扩大厂区，也可以租赁仓库。

设施决策实际上属于制造类企业的生产布局范畴。在日常生活中，我们经常会进入一些生产场所，比如超市、饭店、百货大楼、仓库、办公室、写字楼、书店、大卖场、理发店、美容院、邮局、食堂、商厦、生产车间等，来完成自己一天的工作和生活。这些其实都涉及生产布局。

企业设施布局的目的是要将企业内的各种物资和设施进行合理安排，将它们组合成一定的空间形式，从而有效地为企业的生产运作服务，以获得更好的经济效果。随着激烈的市场竞争，制造企业在尽力缩减自己的成本以增加自身竞争力。一般来说，绝大多数的制造企业希望通过设施布局的优化来降低生产物流成本而非重建新系统。因此，简单适用的设施布局的优化是生产制造类企业亟待解决的一个问题。

在本商务决策环境中进行设施决策必须熟练掌握［延伸阅读 3-3］中的设施决策规则，其中包括了厂房决策、仓库决策和生产线决策三部分。

延伸阅读 3-3

设施决策原则

1. 厂房决策规则

厂房有大、中、小三种规格，不同规格的厂房，其兴建价格、厂房面积大小及容量都不同，其中容量是指能够安装的生产线的数量，用条来表示。基本参数见表 3-9。

表 3-9 厂房基本信息表

厂房类型	容量（条）	兴建价格（元）	厂房面积（平方米）	折旧期限（季度）
小型厂房	1条	250 000	200	40
中型厂房	2条	400 000	400	40
大型厂房	3条	600 000	500	40

2. 仓库决策规则

仓库有大、中、小三种规格，不同规格的仓库的价格、货物吞吐能力、面积大小及容量都不同，相关参数见表 3-10。需要注意的是企业购买的仓库每个周期都有吞吐量限制。仓库的吞吐量每个季度开始会还原到最初数值。

表 3－10　　仓库信息表

产成品库类型	容量（件）	兴建				租赁	吞吐量
		兴建价格（元）	维护费（元/季度）	折旧期限（季度）	占地面积（平方米）	租赁费（元/季度）	
小型仓库	3 000	300 000	2 000	40	300	80 000	20 000
中型仓库	6 000	600 000	2 000	40	500	100 000	40 000
大型仓库	12 000	800 000	2 000	40	1 000	200 000	60 000

3. 生产线决策规则

生产线有四种类型，不同生产线的价格、技术水平、强度及产能各不相同，详细信息见表 3－11。

表 3－11　　生产线信息表

生产线类型	购买价格（元）	安装周期（季度）	转产周期（季度）	技术水平	最大产能（件/季度）	强度	人员利用率	折旧期限（季度）
劳动密集型生产线	500 000	0	0	2	500	6	0.5	40
半自动生产线	1 000 000	0	1	3	500	8	1.0	40
全自动生产线	1 500 000	1	1	4	450	8	10.0	40
柔性生产线	2 000 000	1	0	4	400	8	3.0	40

[思考 3－3] 企业初创期设施决策

要求：根据企业团队的讨论决策，从厂房、仓库、生产线三方面阐述企业决策信息，并说明决策理由（见表 3－12）。

表 3－12　　企业初创期设施决策

企业类型	时段	厂房	仓库	生产线	决策依据
制造企业	第 1 季度				
	第 2 季度				
	第 3 季度				
	第 4 季度				
原材料供应商	第 1 季度				
	第 2 季度				
	第 3 季度				
	第 4 季度				
贸易企业	第 1 季度				
	第 2 季度				
	第 3 季度				
	第 4 季度				

2.3 研发决策设计

在企业经营过程中，经常出现以下问题：产品开发的压力为何越来越大？产品设计的性质以及与其他生产管理职能的关系如何？如何发现顾客真正喜欢的产品？如何生产能卖出去的产品？如何保证生产出来的产品获取收益？

这就需要企业制定产品的研发决策。产品开发与工艺选择是在企业经营战略指导下进行的，产品开发工作需要根据市场需求对产品系列、产品功能、质量特性、产品的成本和产品发展的步骤等作出决策。

在本商务决策环境中，制造企业初始状态是可以生产L型产品A型工艺清单。如果企业想生产新型产品，就需要投入资金和科研人员进行产品研发。本期投入资金和研发资金，下一期系统会提示产品研发是否成功。根据设定的研发公式，研发成功率达到100%时，下一期肯定研发成功。原则上我们是不建议研发成功率达到100%，因为需要投入大量的研发资金和研发人员，研发成本过高，所以二者要均衡，达到85%左右比较适宜，一般能研发成功。另外如果只投入一种要素，即使成功率达到100%，也不可能成功，即研发成功的影响因素有三：资金、人员、时间，缺一不可。

研发成功的产品在当季度就可以投入生产，L、H、O、S四种产品都设定有工艺改进的产品研发。为了节约生产成本，鼓励学生进行产品创新。各类产品研发的具体信息请按［延伸阅读3－4］熟练掌握。

延伸阅读3－4

研发决策原则

1. 产品研发信息

在商务环境中，L、H、O、S四种产品的产品研发信息如表3－13所示。

表3－13 产品研发基本信息表

研发项目	基本研发能力要求	最少投放资金	推荐资金	代表BOM	工艺水平
L型产品研发	0	0	0	L型产品A型工艺清单	1
L型产品工艺改进	50	100 000	300 000	L型产品B型工艺清单	0
H型产品研发	100	300 000	1 000 000	H型产品A型工艺清单	2
H型产品工艺改进	50	100 000	300 000	H型产品B型工艺清单	1
O型产品研发	100	1 000 000	2 000 000	O型产品A型工艺清单	3
S型产品研发	100	1 500 000	3 000 000	S型产品A型工艺清单	4
高端工艺改进	30	300 000	600 000	O型产品B型工艺清单	2
				S型产品B型工艺清单	3

2. 产品研发决策细则

在产品研发决策中，各类型的企业需共同遵守如下规则。

规则1：推荐资金及基本研发能力。投入的资金达到推荐资金，投入研发人员的研发能力达到基本研发能力后，基本能够保证该研发项目的成功。

规则 2：资金有效期是指企业投入的研发资金能够对研发产生效果的时间。产品研发可一次性集中投入资金研发，也可分期投入资金研发。

规则 3：$研发成功率=\frac{企业投入的有效研发资金}{推荐资金}\times 80\%+\frac{投入的研发人员研发能力-基本研发能力要求}{100}\times 20\%-\delta$，

其中 δ 取值范围为 [20%，40%]，指研发风险概率，是软件系统设定的随机变量。

规则 4：关于产品研发的先后顺序，可以查看表 3－14。要求必须研发成功所有前导工艺后才能研发后续的工艺，具体为：第一季度可以研发 L_B、H_A，第二季度在 L_B、H_A 研发成功的条件下可以研发 H_B、O_A，第三季度在 H_B 或者 O_A 研发成功的条件下可以研发 S_A，第四季度在研发 S_A 成功的条件下可以研发高端工艺（O_B、S_B）。在本商务决策环境中，产品研发工艺信息的设定，如表 3－14 所示。

表 3－14　　产品研发工艺信息表

研发项目	新工艺	后续工艺	理想投入研发时间	理想研发成功时间
L 型产品工艺改进	L_B	H_B、O_A	第一季度	第二季度
H 型产品研发	H_A	H_B、O_A	第一季度	第二季度
H 型产品工艺改进	H_B	S_A	第二季度	第三季度
O 型产品研发	O_A	S_A	第二季度	第三季度
S 型产品研发	S_A	O_B、S_B	第三季度	第四季度
高端工艺	O_B、S_B	无	第四季度	第五季度

在研发决策中，我们需要关注两点：第一，产品研发需严格按照公式进行投入，在满足最少投放资金和基本研发能力的条件下，资金到位的重要性要超过研发人员；第二，产品的研发应在不影响企业正常经营的情况下进行产品创新，以扩大市场影响力，而不是为了研发而研发，导致大量现金被占用从而影响企业的正常运营。

[思考 3－4] 企业初创期研发决策

要求：根据企业团队的讨论决策，从新工艺名称、投入资金、投入研发能力、研发成功率四个方面阐述研发决策信息（见表 3－15）。

表 3－15　　企业初创期研发决策

企业类型	研发时间	新工艺	投入资金	投入研发能力	研发成功率
制造企业	第 1 季度				
	第 2 季度				
	第 3 季度				
	第 4 季度				
原材料供应商	第 1 季度				
	第 2 季度				
	第 3 季度				
	第 4 季度				

2.4 采购决策设计

制造企业为了组织生产，需向原材料供应商采购原材料，可以根据产品工艺清单（BOM）计划采购种类、采购数量、采购时间和采购价格。采购时间分为本期采购、下一期采购和下两期采购。采购价格由制造企业和供应商谈判确定。

在本商务决策环境中，L型、H型、O型和S型产品每种有A、B两个系列。其中L型产品作为低端产品，既可以作为市场上交易的商品，也可以作为中高端产品H型、O型和S型的原材料。所有产品系列的工艺配置，也就是BOM文件构成如表3－16所示。

表3－16　产品工艺清单信息表

BOM 文件	L_A	L_B	H_A	H_B	O_A	O_B	S_A	S_B
L（中间件）	0	0	1	1	1	1	2	2
M1	2	1	2	1	2	1	1	0
M2	0	0	0	0	2	1	1	0
M3	0	0	0	0	0	0	1	1

原料供应商需要采购原辅材料M4、M5、M－X按照BOM结构生产制造M1、M2、M3向制造企业供货。同样需要确定采购种类、采购数量、采购时间和采购价格。采购时间分为本期采购、下一期采购和下两期采购，本期采购价钱是原价的2倍，下期采购和下两期采购则是原价购买。各原料供应商根据生产计划生产M1、M2、M3的数量，结合表3－17各原料工艺清单确定购买原辅料的种类和数量。

表3－17　原料工艺清单信息表

BOM 文件	$M1_A$	$M1_B$	$M2_A$	$M2_B$	$M3_A$	$M3_B$
M4	2	1	2	0	0	0
M5	2	1	2	2	1	1
M－X	0	0	1	1	3	1

各种原辅料的市场价格的设定值请参考表3－18。

表3－18　原辅料平均市场价格信息表

原辅材料名称	原材料平均市场价格（元）
M1	600
M2	800
M3	1 000
M4	50
M5	150
M－X	200

[思考 3－5] 企业初创期采购决策

要求：根据企业团队的讨论决策，从采购种类、采购时间、采购数量、交货时间、采购价格五个方面阐述采购决策信息（见表 3－19）。

表 3－19 企业初创期采购决策

企业类型	采购时间	采购种类	采购时间	采购数量	采购价格
制造企业	第 1 季度 第 2 季度 第 3 季度 第 4 季度				
原材料供应商	第 1 季度 第 2 季度 第 3 季度 第 4 季度				

2.5 广告决策设计

广告决策作为企业宣传的重要手段，在生活中有很多宣传渠道，比如电视、杂志、网络等。在本商务决策环境中，分别设置了网络新媒体广告、电视广告、电影广告植入、产品代言 4 种手段，企业可以通过任意组合的策略来使用。投入广告费可以开拓市场和提高市场影响力，但是在每一季度每种手段只能使用一次。在本期投放广告，下一期才能生效，换句话说，企业只有本期投放广告，下一期才能进入对应市场进行市场竞单。在本商务决策环境中，具体数据设置参考表 3－20。

表 3－20 广告决策数据信息表

宣传手段	最少投入资金（元/市场）	资金分配比率（%）	投放形式	每季度允许投放次数
网络新媒体广告	400 000	50	群体市场	1
电视广告	300 000	100	个体市场	1
电影广告植入	600 000	150	个体市场	1
产品代言	500 000	60%	群体市场	1

其中，资金分配比率是指投入本项宣传的广告费将会按照分配率进入选中的市场形成有效资金。例：A 企业采用“网络新媒体”向沈阳、武汉、北京三个地共投入广告费 120 万元，按照分配比率每个市场将实际产生 60 万元（120×50%）的广告效应。

个体投放和群体投放是广告的两种投放方式。在本商务决策环境中进行企业广告投放决策时，个体投放的广告一次只能面向一个市场，北京、武汉、大连、深圳、成都、沈阳和亚洲 7 个市场任选一个进行广告投放；群体投放的广告则可以同时投入多个市场，可在北京、武汉、大连、深圳、成都、沈阳和亚洲 7 个市场任意组合进行广告投放。

临时性开拓与永久开拓：当某季度进入该市场的有效资金达到该市场的“临时性开

拓所需”的量时，则当季度该市场被标注为“开拓”时，企业获得在该市场的竞单资格。当投入该市场的有效资金累积达到“永久开拓资金所需”的量时，则该市场变成“永久性市场”，即不再投入广告费也有竞单资格。市场开拓相关数据设置请参考表3－21。

表3－21　　市场开拓费用表

所在地区	代表城市	临时开拓资金（元）	永久开拓资金（元）	永久市场竞单加分
国内	北京	300 000	4 000 000	3
国内	大连	250 000	1 500 000	3
国内	武汉	150 000	1 500 000	3
国内	深圳	250 000	3 000 000	3
国内	沈阳	200 000	3 000 000	3
国内	成都	250 000	2 000 000	3
国外	亚洲	300 000	5 000 000	3

对所有核心企业来说，在确定厂区所在城市以后，系统就默认该城市为永久开拓市场，也就是说，即使不投放广告，也可以进行竞单。再次强调，制造企业每一季度只能获得一张市场竞单，交易数量最高2 000件，其他剩余的产品只能和贸易企业签订销售合同，通过商业谈判确定商品数量、商品金额和交货时间。因此，制造企业的经营重点是向市场提供大量质优价廉的产品，可以对库存剩余产品进行竞单，或者在市场规模相对较小的高端产品市场上进行竞单。

对原料供应商来说，只需要和制造企业签订合同，通过商业谈判确定商品数量、商品金额和交货时间，不用进行广告投放。

对贸易企业来说，企业的主要业务是通过谈判与制造企业签订购货合同，制造企业按照合同按时向贸易企业供货，再通过上一期的广告策略进行市场竞单，并在本期交货。系统中规定贸易企业每一个季度可以签订10张订单，每一张订单产品数量不多于2 000件。因此，为了获取更多的销售量，贸易企业的广告投放策略就变得非常重要。

[思考3－6]　企业初创期广告决策

根据企业团队的讨论决策，从宣传手段、采购时间、投放有效资金、投放地区、竞单结果四个方面阐述广告决策信息（见表3－22）。

表3－22　　企业初创期广告决策

企业类型	广告时间	广告手段	广告投放时间	广告投放资金	影响力得分
制造企业	第1季度 第2季度 第3季度 第4季度				
贸易企业	第1季度 第2季度 第3季度 第4季度				

2.6 招聘决策设计

驱动生产线生产、提高研发项目的效率都需要员工。企业通过人力资源管理部可以招聘各类型的员工，再将人员分配到合适的岗位开始工作。每种类型的人员具备的能力不同，因而企业在人才招聘时，应注意能力的搭配，在尽可能减少人力成本的同时，提高工作效率。在本商务决策环境中，人力资源数据的设置见表 3－23。

表 3－23　　人力资源信息表

人员类型	招聘费用（元）	人员类型	生产能力（件/人）	生产能力提高率（%）	研发能力	工资（元/人·季度）
初级工人	4 000	生产人员	10	0	0	4 000
高级工人	6 000	生产人员	20	0	0	6 000
车间管理人员	8 000	生产人员	0	25	0	8 000
研发人员	10 000	研发人员	0	0	10	10 000

延伸阅读 3－5

招聘决策原则

在进行人事决策时，所有竞争者应遵守的规则如下：

规则 1：招聘的人员在当季即可投入工作，招聘费用在招聘时立即支付，工资在下季度初支付。

规则 2：科研人员进入研发项目后，在产品研发过程中，可以随时调出。

规则 3：生产工人在产品完工之前不能从生产线上调出。但在每季度产品投产前，生产工人可自由调度。

规则 4：工人的生产能力是指工人的产能。可以根据各类型的生产工人的产能配合各类型生产线的产能，使生产线的产量达到最大，从而提高生产线的使用率。

规则 5：人员为空闲状态时也需要支付工资。若解聘人员，除支付本季度工资外另需多 1 个月工资作为解聘费。

［思考 3－7］企业初创期招聘决策

根据企业团队的讨论决策，从人员类型、生产能力、研发能力、招聘费用、人员工资五个方面阐述招聘决策信息（见表 3－24）。

表 3－24　　企业初创期招聘决策

企业类型	广告时间	人员类型	生产能力	研发能力	招聘费用	人员工资
制造企业	第 1 季度					
	第 2 季度					
	第 3 季度					
	第 4 季度					

续表

企业类型	广告时间	人员类型	生产能力	研发能力	招聘费用	人员工资
原材料供应商	第1季度 第2季度 第3季度 第4季度					

2.7　生产决策设计

生产决策作为制造企业的核心决策，体现了整个制造企业的资源优化配置，在其他决策明确的情况下，最终编制企业的生产计划。

生产计划，又称生产规划，是为实现企业生产目标，对未来一定时期内的生产作业活动和各项资源的使用作出的统筹安排，是为了体现企业经营规划而制定的产品系列生产大纲，它用以协调满足经营规划所需求的产量与可用资源之间的差距。主要体现在生产的产品类型、产品产量、生产日期等方面。

在生产决策里要注意几个关键术语：生产能力、产能和产量。生产能力是指企业在一定时间内所能生产出的产品的最大数量，通常由生产线生产能力和人员的生产能力共同决定，一般取两者的生产能力的较小者。产能指的是生产线的固定参数，具体请参考［延伸阅读3-6］中的生产线规则，一般情况下产能为固定值，随着生产线的磨损会降低。产量指的是企业在通过生产决策最终能够实现的实际产品数量。

延伸阅读3-6

生产决策原则

在生产设施决策中，各类企业需共同遵守如下规则。

规则1：企业可以根据生产决策铺设生产设施，组织开展生产。本系统中的固定资产主要包括厂房、仓库和生产线，只有仓库可租可买。购买或租赁后可当季投入使用，租赁费和维护费在下一期支付。厂房和生产线需要购买，且需一次性支付全部价款，无维护费。

规则2：生产线须安放在厂房中，厂房容量不足时，无法购买安装生产线。

规则3：生产线按照安装周期安装完成后当季可投入使用，产能初始都为0。企业须通过招聘生产工人和生产管理人员，并将人员调入生产线，使生产线的产能提高，产能最大只能提高到生产线最大产能。人员利用率表示每个人员在生产线提高的产能。

规则4：每条生产线都具有技术水平，只能生产低于或者等于该生产线技术水平的工艺产品。每条生产线都可以升级技术水平，提升的水平 = 当前技术水平/2/提升次数；提升费用 = 生产线购买价格/2（当生产线水平与产品的工艺水平相等时，1个单位的产能对应0.5个单位的产量）。

规则5：生产线转产须在生产线建成完工且在空闲状态下才能进行。转产需要根据转产周期和转产费用来进行。转产期间不能对这条生产线进行任何操作，因此在转产之前，如果需要对人员进行调度，应先调出人员，再进行转产。

规则6：生产线的周期均为一个季度，本季度产品上线，下个季度产品方可下线入库。

规则7：在生产线上所有工人和车间管理人员的生产能力不超过设备最大产能时，生产线产能 = 人员的生产能力 = 生产工人专业能力 × 工人数量（1 + 车间管理人员管理能力 ×100% × 车间管理人员数量）

生产线的产量 = （该生产线的技术水平 – 工艺水平） × 生产线产能

规则8：生产线随着产能的消耗产生一定的磨损，会影响生产线的产量和成品率，可以对其进行维修。

生产线磨损 = 生产产品消耗的产能/强度

其中，生产产品消耗的产能 = 这条线累计生产的数量/（生产线技术水平 – 产品工艺水平）

生产线磨损超出产能时，生产线的产能会缩减一半；超出1倍时，生产线将损坏，无法维修，也无法拆除。

维修费 = 生产线累计磨损^2 × 技术水平

维修时间 = 安装时间

维修完成后，生产线变成全新的。

规则9：各生产线可以生产企业研发成功的产品，但一次只能生产一种产品，如要生产其他类型产品，需进行转产。

［思考3－8］企业初创期生产决策

要求：根据企业团队的讨论决策，从生产种类、生产能力、生产数量三个方面核算生产决策信息（见表3－25）。

表3－25　企业初创期生产决策

企业类型	决策时间	产品类型	生产能力	产品产量
制造企业	第1季度 第2季度 第3季度 第4季度			
原材料供应商	第1季度 第2季度 第3季度 第4季度			

2.8　库存决策设计

库存的管理是制造业和服务业中经常遇到的问题，一般来说，库存是指暂时闲置的、用于将来目的的资源。这里所说的资源，包括企业里的各种原材料、半成品和成品。

库存可分为原材料库存、在制品库存和产成品库存。

（1）原材料库存。原材料库存是指企业为了生产加工产品，通过采购和其他方式取得和持有的原材料、零部件的库存。原材料库存是针对制造业来说的，流通型企业不存在原材料库存。原材料库存的来源途径最常见的一是从供货商处购进，二是企业自己生产。

（2）在制品库存。在制品库存是指一个产品从投入原材料到最后生产最终产品的过程中，由于生产需要在各个生产环节添加的零部件和半成品的库存，这些统称为在制品库存。在制品根据所处的不同工艺阶段，可以分为毛坯、半成品、入库前成品和车间在制品等。

（3）产成品库存。产成品库存又称“成品库存”，是指在一个企业内已完成全部生产流程、按规定标准检验合格、可供销售的产品的库存。

在本商务决策环境的库存决策设计中，制造企业向原材料供应商购买原材料，安排工人领取原料进行生产，在生产线上完成生产，按照订单向市场或者贸易企业交货，都需要进行入库或者出库操作。具体的仓库数据设置请参阅上文设施决策原则中的仓库规则。

在库存决策中，要注意几个关键术语：仓库容量、仓库货物吞吐量和单位商品体积，其中仓库容量是指能够存放产品的最大数量，不同类型的仓库容量不一样。仓库货物吞吐量是指能够存放产品的最大体积，不同类型的仓库吞吐量不一样。L型、H型、O型、S型每种产品都有固定的单位商品体积，具体如表3－26所示。

表3－26　8种产品和原辅料单位体积

类别	单位商品体积（箱）
L型	3
H型	3
O型	3
S型	3
M1	1
M2	1
M3	1
M4	2
M5	3
M－X	3

［思考3－9］企业初创期库存决策

要求：根据企业计划铺设的设施设备情况，从仓库类型、仓库吞吐量、已用吞吐量和剩余吞吐量四个方面阐述库存决策信息（见表3－27）。

表 3－27　　企业初创期库存决策

企业类型	决策时间	仓库容量	参考吞吐量	已用吞吐量	剩余吞吐量
制造企业	第 1 季度				
	第 2 季度				
	第 3 季度				
	第 4 季度				
原材料供应商	第 1 季度				
	第 2 季度				
	第 3 季度				
	第 4 季度				
贸易企业	第 1 季度				
	第 2 季度				
	第 3 季度				
	第 4 季度				

2.9 其他核心企业决策分析

原材料供应商决策与制造企业对比，整个决策分析只少了第五步广告决策设计，意味着原材料供应商只需要通过线下的谈判协商和创建交易，就能完成产品销售，以实现收入，从而获得经营利润。其他步骤大同小异，具体看表 3－28 供应商和制造企业的决策设计差异对比。

表 3－28　　供应商和制造企业的决策设计差异对比

决策点	同	异
选址决策设计	√	
设施决策设计	√	
研发决策设计		制造企业研发 L、H、O、S　　原料供应商研发 M1、M2、M3
采购决策设计	√	
广告决策设计		制造企业对广告可投可不投　　原料供应商无需投放
招聘决策设计	√	
生产决策设计		制造企业第 1 季度　　原料供应商 0 季度
库存决策设计	√	

贸易企业决策相对于制造企业，无需进行产品研发和生产，只需要通过产品收购进行市场竞单获得市场订单，把产品销售出去，就可以实现销售收入，从而获得经营利润。两种类型的企业决策差异具体参考表 3－29。

表 3－29　　贸易企业和制造企业的决策设计差异对比

决策点	同	异
选址决策设计	√	
设施决策设计	√	贸易企业仅需要配置仓库
研发决策设计		制造企业需研发 L、H、O、S　贸易企业不需要研发
采购决策设计		制造企业采购 M1、M2、M3　贸易企业采购 L、H、O、S
广告决策设计	√	制造企业可投可不投　贸易企业需要认真思考
招聘决策设计		制造企业需要工人、管理人员和研发人员　贸易企业不需要人员
生产决策设计		贸易企业无需生产
库存决策设计	√	

注："同"指在进行商务决策设计时与制造企业相比内容一致，其他核心企业可以直接照搬制造企业决策设计。

任务3　服务机构决策设计

在软件实训平台环境中，外部服务机构主要为配合生产制造企业的主体经营活动而设置，并通过交易活动和市场管理活动与生产制造企业发生联系。如图 3－2 所示。

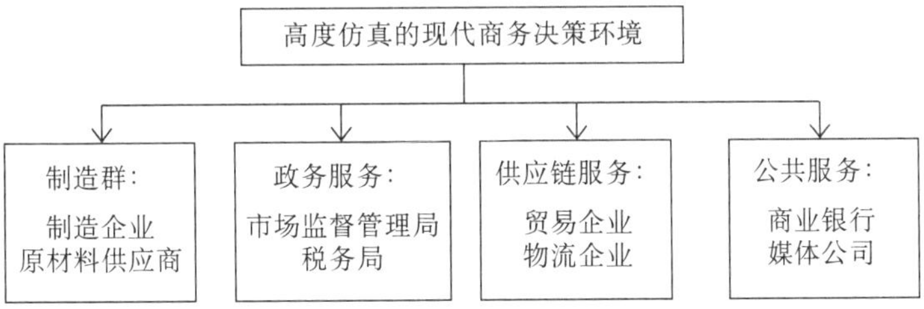

图 3－2　商务环境实训平台机构设置

为了更好地进行组织管理，在课程中设计了市场监督管理局、税务局、商业银行三个线上机构和媒体公司一个线下机构。为了实现整个商业环境的稳定、健康、快速发展，设定了市场监督管理局、税务局、商业银行和媒体公司的决策内容和工作任务。

3.1　市场监督管理局

市场监督管理局作为政府部门的行政代表之一，主要目的是维护整个商业环境的公平、公正和稳定。在商务环境中市场监督管理局为了保证所有核心企业依法经营，主要的任务如下。

3.1.1　年检

企业年度检验是市场监督管理机关依法按年度对企业进行检查，确认企业继续经营资格的法定制度。

市场监督管理局年检步骤分三步：

第一步，市场监督管理局发布企业参加年检的公告。

第二步，企业申领、报送年检报告书和其他有关材料。

第三步，企业缴纳年检费，市场监督管理局将对年检企业收取象征性的年检费50元。

在软件界面的年检操作步骤分三步：

第一步，选择主页导航—企业管理部，然后在企业管理部业务内容区点击“去市场监督管理局”。

第二步，进入市场监督管理局后，点击企业年检—申请年检报告书—企业年检，填写“企业法人年检报告书”后提交，等待市场监督管理局审核。

第三步，市场监督管理局的注册登记员进入企业年检界面，点击企业年检管理—审核，审核“企业法人年检报告书”。确认无误后，点击通过，提交。

3.1.2 监督

监督是市场监督管理局的一项日常工作，主要负责维护市场公平、公正发展，是进行年检的基础工作。市场监督管理局对下列情形之一的企业，不予通过年检：

第一，企业的资产负债表填写金额不平的。

第二，企业的利润表填写错误的。

第三，有其他严重违法、违规行为的，比如说虚假交易。

3.1.3 统计

市场监督管理局需要统计每个季度制造企业上线产品的数量和库存产品的数量。这种数据统计有两个作用，第一，汇总本期所有制造企业能够在下一期提供的产品数量，给整个环境企业发展提供一个准确的数据，从而更好地服务于本地企业的经营策略的制订；第二，通过统计分析，发现产品的生命周期和变动规律，为企业的战略制订提供明确的导向。统计的表格如表3－30和表3－31所示。

表3－30　××制造企业本期产品计划产量和实际产量统计

制造企业（n）	L	H	O	S
计划产量				
实际产量				

表3－30中，计划产量是体现制造企业在正式运营前的生产规划，必须在企业生产前进行申报。实际产量是生产运营后，实际入库的产品的数量。通过这两组数据的对比可以看出制造企业在进行生产规划时是否准确合理，同时还可以让贸易企业提前获取下一期的市场供给量，以便在进行广告投放时更有针对性。

表3－31　制造企业每季度交易量统计

季度	1	2	3	4	5	6	7	8	9	10
L										
H										
O										
P										

表3-31在每期经营过程中，根据制造企业和市场的交易量、制造企业和贸易企业的交易量进行统计，最后确定整个市场最后的产品供应情况，并和市场需求量进行对比，确认是否实现了供需平衡。

3.2 税务局

税务局作为政府的税务部门，主要目的是维护国家的税收利益不受侵犯，严格按照各项税收政策进行征收。

3.2.1 制定税收政策

本商务决策环境中，税务局根据国家税务规定征收增值税、企业所得税及附加税（教育费附加和城市维护建设税），其中增值税税率本系统设置为17%（与实际不同，请注意），企业所得税税率简化统一为25%，教育费附加税税率简化统一为3%，城市维护建设税税率简化统一为7%。其他税不需要申报和计算，不再赘述。相关税额计算公式如下：

增值税=（销项税-进项税）×17%

企业所得税=税前利润×25%

教育附加=增值税×3%

城市维护建设税=增值税×7%

3.2.2 审核报表

由于学生人数的限制，本商务决策环境没有设置会计事务所，而是在模拟环境中增设了税务局企业报表审核的业务。每个季度结束后，税务人员根据系统提供的财务功能，审核企业提交的财务报表。财务报表主要有利润表和资产负债表，具体审核要求请参考附录2中财务报表的审核标准。

3.2.3 税务申报及缴纳

纳税人在办理了设立税务登记、税种认定登记和发票领购之后，就要根据认定的税种进行纳税申报了。纳税人从事有形动产的销售、加工修理修配劳务需要定期申报缴纳增值税，所编制的纳税申报表包括增值税纳税申报表和企业所得税纳税申报表。在进行纳税申报前，应事先准备好资产负债表和利润表。

增值税的核算分三步：

第一步，计算当季销项税额；

第二步，计算当季进项税额；

第三步，计算当季应缴纳税额。

税务申报包含四步：

第一步，企业首先进入财务部→税务局页面；

第二步，进入纳税申报选项，选择季度及需要报税的税种；

第三步，填写相应报税表格电子版，点击提交，等待税务局审核通过；

第四步，税务局根据企业财务报表核算递交的报税申请表，并作出回复。

3.3 商业银行

商业银行作为政府部门的金融代表，主要目的是在保证银行自身利润的基础上给核心企业提供资金支持，帮助其快速发展。

3.3.1 制定贷款政策

企业在产品生产过程中要经过供、产、销等环节。资金是影响企业发展最关键的因素，资金链断裂对于企业来讲是致命的。企业要想快速稳定发展，需要进行融资，而银行可以为企业贷款，提供资金需求。银行在发放贷款前需要审核企业的经营情况，并以此判断企业是否具有获得贷款的资格，以及贷款的额度。本任务就是根据银行既定的贷款条件，完成制造企业的银行贷款业务。

商业银行为了更好地服务核心企业，需要制订贷款政策。本课程根据环境需要设定了两种贷款方式：信用贷款和质押贷款，其中信用贷款以股东所有者权益为审核指标，质押贷款以企业的应收账款为审核指标。具体贷款政策实施如表 3－32 所示。

表 3－32 商业银行贷款政策

贷款政策	信用贷款	质押贷款
贷款期限	第 3 季度	第 1 季度
贷款额度	股东权益 ×80%	应收账款 ×100%
利率	银行根据商业环境设定利率，可浮动	
备注	核心企业系统内可以直接信用贷款，额度为所有者权益的 50%，每期利率为 18‰	

3.3.2 执行贷款流程

企业在经营过程中选择合适的贷款类型，按照贷款申请流程进行贷款，银行审核企业的贷款资格并做出决策。

第一步，企业递交银行贷款申请表。

第二步，银行经办人审核。

第三步，银行和贷款企业签署合同。

第四步，落实贷款前提条件。

第五步，放款（见图 3－3）。

3.3.3 企业贷款统计

商业银行需要对核心企业贷款需求情况进行统计，以便准备充裕的资金。表 3－33 是商业银行提前对资金需求进行预算。

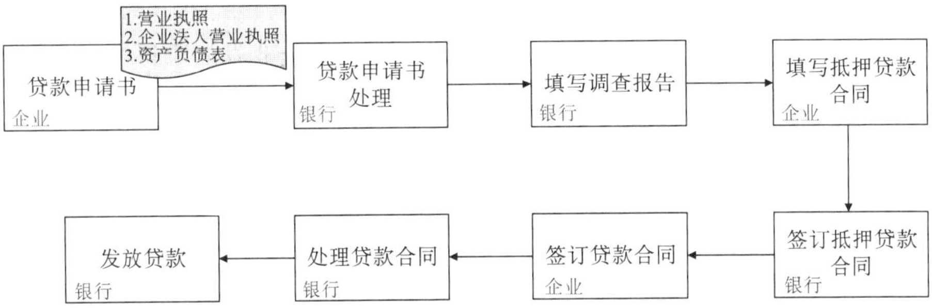

图 3－3　商业银行贷款业务流程

表 3－33　商业银行贷款统计

季度	1	2	3	4	5	6	7	8	9	10
制造企业										
贸易企业										
原材料企业										

3.4　媒体公司

媒体公司作为模拟环境中的传媒代表，主要任务是向所有企业传达商业环境中的重要信息，披露环境中企业经营中存在的主要问题，引导企业健康发展。

3.4.1　媒体公众号

在实训中我们采用微信公众号的方式，每天发表一篇文章，公布有新闻价值的消息。

新闻稿要通过前期的采访获取最新的、权威的素材，再对文章的主题进行构思，选取恰当的角度，对素材进行分析和加工，提炼精华，撰稿写作。

具体顺序为：选材—选题—列提纲—复审动笔—检查修改。

第一步，素材采集。文章撰写需要一定的素材，这就要求媒体公司去采访、挖掘和搜集。

第二步，拟定主题。采集的素材可能比较丰富，需要在采集众多素材中选定一个或有意义、或深刻、或有趣的主题，以便抓住读者的兴趣。

第三步，列提纲。理顺文章写作思路，设计怎么用生动的文字、图片、视频丰富文章的内容。

第四步，撰写文章。建议媒体公司中文笔好的员工进行撰写，文章既要生动有趣，也要能直指模拟运营中的典型问题或者案例。

3.4.2　媒体报纸

企业报纸印刷对宣传企业的文化、管理、形象、品牌等有着不可代替的作用，特别是对于内部员工建立对企业的认同感，开展品牌、文化等建设是非常重要的，也有利于员工深入了解内部结构，建立一个共同成长的良好环境。企业通过报纸印刷发放企业和产品信息给客户，也是一个相当好的营销方法，与客户一起分享企业发展取得的成果，帮助客户更快了解到企业发展的下一个目标，及新产品的优点。

报纸的内容上，注意要集中反映传播企业理念、服务企业发展、弘扬模范人物、记录企业成长等。在发布前应注意稿件的修改和校对，以及文稿的排版工作。出版报纸的具体流程：策划—采写—编辑、校对—排版、再校对、编辑—印刷。

3.4.3 汇报视频

媒体负责人应站在整个模拟环境的全局角度，对企业理念和企业文化进行深度挖掘，或通过故事的形式，或通过多角度多层次的新闻报道形式对企业形象进行整体宣传。

媒体公司作为唯一的线下机构，需要展现整个环境实训的全过程，体现出环境发展在不同阶段的特征，体现出典型企业的经营面貌、经营目标、经营成果等信息。

思考题

1. 制造类企业的重要决策有哪些？该如何开展决策？
2. 贸易企业的重要决策有哪些？该如何开展决策？
3. 外围机构的重要决策有哪些？该如何开展决策？

实训环节

商业决策设计

一、实验目的

（1）掌握商业环境模拟经营的战略划分为三阶段的原因。

（2）掌握商业环境决策中模型的关键指标的含义。

（3）掌握选址、设施、研发、采购、广告、招聘、生产、库存8大决策规则。

（4）结合整个商业环境决策的全部数据模型和运营规则制定10期的企业（机构）战略规划。

二、实验内容（见表3－34）

表3－34 企业战略规划和调整

企业初创期（第1—4季度）规划及调整：
企业成长期（第5—7季度）规划及调整：
企业成熟期（第8—10季度）规划及调整：

项目 4
商务决策实施

项目架构图

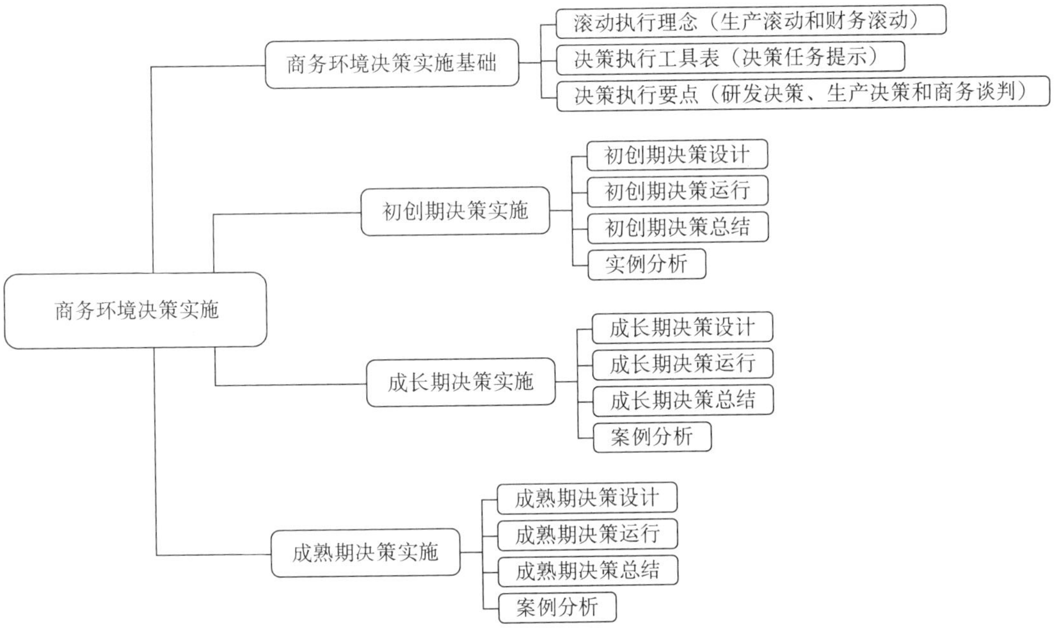

课堂导入

竞争无时不在无刻不休

竞争（Competition）是个体或群体间力图胜过或压倒对方的心理需要和行为活动，即每个参与者不惜牺牲他人利益，最大限度地获得个人利益的行为，目的在于追求富有吸引力的目标。在社会生活中，竞争往往通过竞赛的形式表现出来，如球赛、体育竞技、数学竞赛等。许多社会现象，政治、经济、军事、教育、文化和卫生等实质上也是另一种形式的竞争。企业化的进程中，竞争已经成为一种极为重要的发展机制。

课堂分享

请几个同学结合有关竞争的实例发表观点和见解，以强化学生对竞争的认知。并结合未来的就业和创业畅谈竞争所带来的帮助和促进作用，从而树立正确的竞争观念。

本实训课程中，为了更好地体现竞争的本质，让学生参与从企业内部竞聘到同行企业的竞争，从不同行业的竞争到整个供应链的竞争，深刻体会竞争无处不在，无时不在。

实训目标

1. 理解商务决策实施的基础：滚动理念、决策执行工具表和决策执行要点。
2. 综合应用初创期各项决策的设计、执行、总结和案例分析。
3. 综合应用成长期各项决策的设计、执行、总结和案例分析。
4. 综合应用成熟期各项决策的设计、执行、总结和案例分析。

价值引领目标

1. 通过学生针对竞争的不同观点和见解分享，强化学生的竞争意识，从而树立正确的竞争观念。

2. 通过为期 10 个季度的商业环境对抗训练，综合训练及培养学生的竞争意识、竞争行为和竞争策略，从而全面提升学生的综合职业素质。

任务 1　商业决策执行基础

在完成商业环境决策认知模块、商业环境决策构建模块和商业环境决策设计模块以后，本模块按照商业决策思路：设计—执行—验证及调整—总结的逻辑关系，在熟悉商业环境基本规则的基础上开始进行决策的设计和执行，主要体现在为期 10 个季度的企业对抗环节。本节将从滚动执行理念、决策执行工具表和决策执行要点三个方面展开。

1.1　滚动执行理念

在商业环境认知中我们就进行了经营分期假设，明确规定商业环境运营 10 个季度，这 10 个季度不是只经营其中的一个或几个季度，而是全面按照现实社会企业经营周期运转，完成从第 1 季度到第 10 季度的全过程，涉及的所有资金、人员、厂房、生产线、仓库等都是从第 1 季度滚动到第 2 季度、第 3 季度……第 10 季度。因此在商业环境决策执行中必须树立滚动执行理念，执行第 1 季度决策时就需要提前设计好第 2 季度甚至第 3 季度的决策，在后面的执行过程中要根据第 1 季度的决策情况验证是否实现了预期的目标。如果实现目标，继续执行；如果没有实现，就需要对第 2 季度的决策执行进行调整，以此类推，来完成 1—10 季度的经营。具体情况参考图 4－1。

在具体的执行过程中，根据不同部门的执行情况，具体体现为生产方面的滚动计划法和财务方面的每期结转。

1.1.1　滚动计划法

滚动计划法是按照“近细远粗”的原则来制定一定时期内的计划，然后按照计划的执行情况和环境变化，调整和修订未来的计划，并逐期向后移动，把短期计划和中期计划

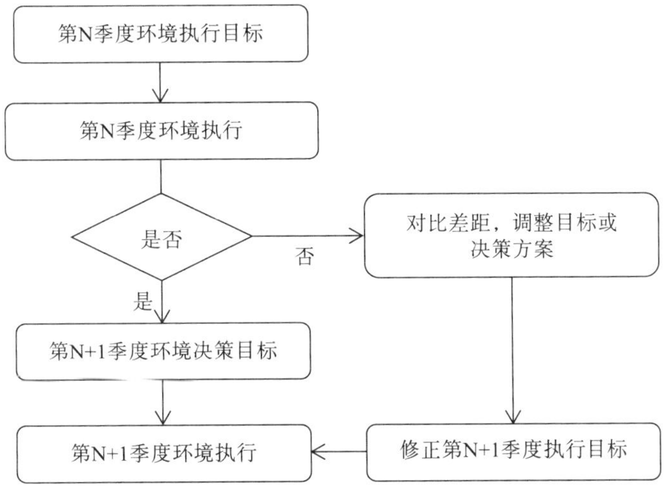

图 4－1　商业环境决策执行过程

结合起来的一种计划方法。

在计划编制过程中，尤其是编制长期计划时，为了能准确地预测影响计划执行的各种因素，可以采取近细远粗的办法。近期计划订得较细、较具体，远期计划订得较粗、较概略。在一个计划期结束时，根据上期计划执行的结果和产生条件及市场需求的变化，对原订计划进行必要的调整和修订，并将计划期顺序向后推进一期，如此不断滚动、不断延伸。例如，已制定了 1—5 季度的生产计划，如采用滚动计划法，到第 1 季度结束，根据当期计划完成的实际情况和客观条件的变化，对原订的生产计划进行必要的调整，在此基础上再编制 2—6 季度的生产计划。其后依此类推，滚动编制。滚动计划法示例如图 4－2 所示。

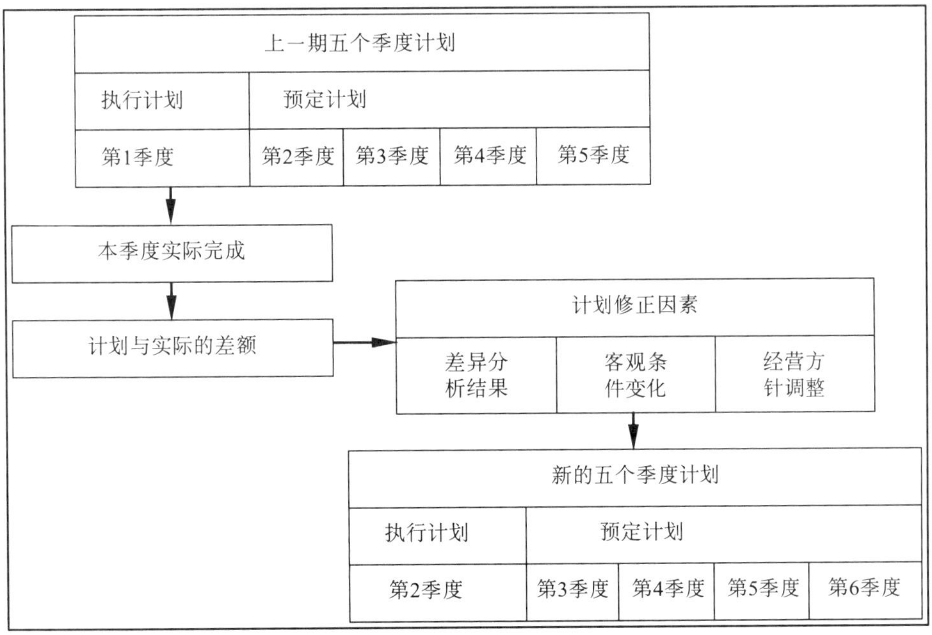

图 4－2　滚动计划法示例

按滚动方式编制滚动计划，要求确定计划期与滚动期。

（1）计划期：滚动计划所包括的时间长度，即执行计划期和预计计划期之和。

（2）滚动期：修订计划的间隔时间，它通常等于执行计划的计划年限。

滚动计划的优点：使计划的严肃性和应变性更好地结合，执行计划体现严肃性，预计计划体现应变性；提高了计划的连续性，为组织生产创造了良好条件，逐期滚动，使计划自然衔接起来。

1.1.2 财务结转法

我们以经营2个季度的资产负债表为例。在商务决策的执行中，常会产生大量的资金流，应结合财务会计科目对资产类、负债类和权益类进行结转，以保证财务数据和实际决策执行相一致。具体如表4－1所示。

表4－1　　资产负债表示例

资产	第1季度	第2季度	负债和所有者权益	第1季度	第2季度
流动资产：			**流动负债：**		
货币资金			短期借款		
应收票据			应付账款		
应收账款			应付职工薪酬		
预付款项			应交税费		
应收利息			应付利息		
其他应收款			其他应收款		
存货			一年内到期的非流动负债		
一年内到期的非流动资产			**流动负债合计**		
流动资产合计			**非流动负债：**		
非流动资产：			长期借款		
长期应收款			其他非流动负债		
固定资产			**非流动负债合计**		
在建工程			**负债合计**		
固定资产清理			**所有者权益：**		
无形资产			实收资本（或股本）		
开发支出			未分配利润		
非流动资产合计			**所有者权益合计**		
资产总计			**负债和所有者权益总计**		

我们以权益结转为例，企业通过决策执行，实现营业收入，扣除营业成本，扣除企业经营所得税，剩余的就是企业在本期实现的净利润。如果营业收入小于营业成本，也就是入不敷出，企业所得税直接为零；如果营业收入大于营业成本，就要按照国家规定所得税率扣除企业所得税，最后把企业净利润结转到资产负债表中的未分配利润，归属所有者权益。如果净利润为正，说明企业实现了股东资本增值，如果利润为负，说明企业决策执行

实现了股东资本贬值。

1.2 决策执行工具

商业环境决策执行将按照设计好的决策流程进行，为了更加准确、更加全面地体现决策执行的每个细节，下面将结合企业决策执行的现金收支情况编写企业决策执行工具表，如表4-2所示。

表4-2　　决策执行工具表

执行项目	第1季度	第2季度	第3季度	第4季度	第5季度	第6季度	第7季度	第8季度	第9季度	第10季度
市场竞单（从第2季度开始）										
组织交货（从第2季度开始）										
进行贷款、还款（先还后贷）										
购买厂区（扩建）										
产品研发										
厂房购买										
仓库购买（租赁）费用										
生产线购买（提升、维修）										
原材料购买										
人员招聘（辞退）										
组织生产										
质量认证										
市场开拓和投放广告										
商务谈判和签订合同										
填写财务报表										
完成经营										

关于决策执行工具表的使用：第一，商务环境中工具表是一个执行的参考，体现了企业每个季度涉及的全部工作和内容，但这并不表示企业每季度都要完成每项工作，根据企业战略完成本季度需要的工作即可；第二，市场竞单和组织交货两项工作必须在市场上有产品时才能进行，因此第1季度是没有这两项工作的；第三，厂区购买只能选择一次，也就是只有在第1季度需要进行厂区的决策，并且一旦厂区确定了所在区域就不能再次进行厂区购买决策，但是可以扩建。

1.3 决策执行要点

在本商业环境决策中有几项决策需要慎重考虑，主要有产品研发决策、组织生产决策和商务谈判决策，下面将一一进行分析。

1.3.1 产品研发决策

在商务决策执行中，只有制造企业和原材料供应商需要进行产品研发，我们以制造企业为例进行说明。

（1）执行目标。根据上文研发决策原则，制造企业最初只有产品 L_A 生产工艺，根据企业的发展需要，制造企业需要研发 L_B、H_A、H_B、O_A、O_B、S_A、S_B 七种生产工艺，并且每个产品生产工艺的研发有一定的逻辑顺序和前导条件，这并不意味着这 7 个生产工艺都必须研发，企业可以根据市场变化和企业自身的资源量力而行，在保证企业技术领先的同时也要保证企业获取经营利润，两者要保持一个稳定的均衡。

（2）执行要素。根据［延伸阅读 3－4］研发决策原则，我们知道研发成功率作为研发成功的重要依据，具体计算如公式 4－1 所示：

$$研发成功率 = \frac{企业投入有效研发资金}{推荐资金} \times 80\% + \frac{投入研发人员能力 - 基本研发能力}{100} \times 20\% - 研发风险 \quad （公式 4-1）$$

根据软件系统设定，公式中推荐资金和基本研发能力为常数，有效研发资金和研发人员能力这两个执行要素影响研发决策。另有一个风险要素，商务决策环境中风险要素的变动区间为［20%，40%］，由软件系统随机产生。

（3）执行过程。研发决策的执行就是落实投入多少有效研发资金、投入多少研发人员，在经过为期一个季度的研发时间后出现研发结果。根据公式 4－1，进行产品研发决策时，要控制好两个执行要素和一个风险要素，我们以 L_B 研发为例进行说明（具体研发投入信息参考附录 1 中附表 6），假定投入资金为 x，投入人员能力为 y，风险为 δ，则产品研发成功率如公式 4－2 所示：

$$L_B 成功率 = \frac{x}{300\ 000} \times 80\% + \frac{y-50}{100} \times 20\% - \delta \quad （公式 4-2）$$

其中 x 的取值范围为［100 000，+∞］，y 的取值范围为［50，+∞］，δ 的取值范围为［20%，40%］。假如我们分别取 x＝300 000，y＝150，那么 L_B 成功率区间为［60%，80%］，基本上可以保证研发成功。但是风险毕竟是概率事件，发生的概率大小由系统自动生成，不好控制，这表示在实际市场运作中，企业需要承担一定的风险。所以企业需要多方考量，以做出对企业成长有利的研发决策。

1.3.2 组织生产决策

在商务决策执行中，同样只有核心企业里面制造企业和原材料供应商需要进行生产决策，我们以制造企业为例进行说明。

（1）执行目标。在执行决策的过程中，根据上文的设施决策原则和招聘决策原则，组织生产决策需要根据企业战略安排人员领料依托生产线进行生产，完成生产目标。这就需要：第一，能领到足够的原材料进行生产；第二，有满足需要的生产线进行生产；第三，有足够的生产人员进行生产；第四，具备生产目标产品的工艺文件。

（2）执行要素。通过执行目标细分，我们发现执行要素有原材料、生产线、生产人员、产品工艺文件四个要素。从决策涉及范围来看，产品工艺文件由研发决策来完成，原材料由采购部门通过商务谈判来确定，相对来说都属于外部要素，生产人员的调度和生产线的排产（包括生产、安装、提升技术水平、转产、维修等内容）属于内部要素。从决策执行情况来看，原材料属于不可控要素，生产线、生产人员和产品工艺属于可控要素。从决策约束机制来看，原材料和产品工艺属于简单约束，只要和原材料供应商签订合同，完成相关产生研发就能保证生产正常进行，生产线和生产工人的合理调度就属于复杂约束，随着环境变化而变化。

（3）执行过程。企业进行生产决策时，就是在确保原材料要素可控的情况下，接收原材料入库，调整好生产线，选择生产工艺，调入生产人员进行领料并进行生产，等下一个周期完工入库。

下面我们以制造企业生产产品L的A型为例进行分析，L_A的工艺水平为1，假定所有生产线都满负荷生产，根据产量=（技术水平－工艺水平）×产能，分别计算出手工线、半自动线、全自动线和柔性线的最大产量。假定招聘工人统一选用初级工人，每个工人生产能力为10件，每月工资为4 000元，就可以计算出不同生产线所需的生产工人人数和对应的工人工资费用；假定所有生产线折旧年限为40期，可以计算出每期的折旧费用。具体参考如表4－3所示。

表4－3　L_A产品生产线的选择分析表

生产线	产品	购买价格（万元）	安装周期	技术水平	人员利用	最大产能	最大产量	产品单价（元）	原材料成本	工人工资（元）	折旧费用（万元）	下一期净现值（万元）
手工	L	50	0	2	0.5	500	500	4 000	1 200	4 000×100	1.25	48.75
半自动	L	100	0	3	1	500	1 000	4 000	1 200	4 000×50	2.5	157.5
全自动	L	150	1	4	10	450	1 350	4 000	1 200	4 000×5	3.75	222.25
柔性线	L	200	1	4	3	400	1 200	4 000	1 200	4 000×14	5	125.4

根据NPV＝收入－支出＝（产品单价－原料成本）×最大产量－工人工资－折旧费用－投入设备价值，我们发现用全自动线生产L_A比较划算，它的净现值最大，由此可以看出，同样条件下，产品产量越高就越适合生产该项产品。假定其他条件不变的情况下，我们将半自动线进行技术升级，根据软件系统设定，技术升级水平$=\frac{技术水平}{2}\div$升级次数并取整，则半自动线技术水平为3，第一次升级技术升级水平为2（$\frac{3}{2}\div 1$），因此升级后的半自动线技术水平为5（3＋2），最大产量就变成2 000件，最优决策就是半自动线生产L_A产品。当然随着决策环境的变化，生产线分析也会发生变化，需要大家在商业环境中进行实践探索。

延伸阅读4－1

净现值

净现值（Net Present Value，NPV），指未来资金（现金）流入（收入）现值与未来资金（现金）流出（支出）现值的差额，属于项目投资评估中净现值法的基本指标。

NPV的计算公式：净现值＝未来收入的总现值－初始投资现值。一般未来的资金收入要按照一定的折现率进行折算，说明资金即使不投资存进银行也会产生利息，这样才能判断投资决策是否比存入银行更优来对投资决策进行判断，在本书中没有考虑资金的折现率问题。

1.3.3 商务谈判决策

根据前面战略三阶段设计，我们会发现在初创期所有核心企业资金有限，如何让资金发挥最大化的效用，原材料供应商和制造企业之间的商务谈判必不可少，贸易企业和制造企业之间的商务谈判同样必不可少，一旦不同类型之间的商务合作没有实现，就意味着整个供应链链条出现了断流状态，在当期的商务环境中就会出现经营中断现象，这种后果对每个企业都是不可承受的。一旦出现经营中断情况，就意味着当期商务环境没有出现外部资金的流入，就不可能产生利润，更不可能产生税额。因此，企业之间的商务谈判即是必不可少的，更是谈判双方出现分歧矛盾的环节。下面分别从初创期、成长期和成熟期三阶段进行阐述。

（1）初创期。初创期的商务谈判，主要集中在原材料供应商和制造企业之间，原材料供应商和制造企业在商务环境中都属于制造行业，在进行生产前需要投入大量资金进行生产准备，还要进行产品的研发，最后为了进行生产还要采购大量的原料，这些都需要占用大量的资金。在资金相对有限的情况，就需要双方针对原材料的价格、交货数量、交货时间达成共识，签订采购合同，一旦出现违约会给对方造成重大损失。

双方谈判的焦点主要在于原材料的价格，这就需要原材料供应商计算好原料成本价格，从而制定一个相对合理的原料销售价格。我们以M1原材料为例，M1原料A型工艺文件为：M1＝2M4＋2M5，M1原料B型工艺文件为：M1＝M4＋M5，其中M4＝50元，M5＝150元，M1市场参考价格为600元。

如果原材料供应商提前一期或者二期采购原材料，则M4和M5的价格为正常价格。原材料供应商生产M1的A型工艺原料，直接成本400元；生产M1的B型工艺原料，直接成本就是200元。

如果原材料供应商需要当期采购原材料，即紧急订货，采购原材料M4和M5的价格为正常采购价格的双倍。原材料供应商生产M1的A型工艺原料，直接成本为800元；生产M1的B型工艺文件原料，直接成本是400元。

M1原料的市场指导价格为600元，具体成交价格由原料供应商和制造企业谈判决定，如果谈判价格都为600元，则每件M1、M2的毛利如表4－4所示。

表4－4　原材料供应商原料采购分析　　单位：元

采购时间	A型工艺文件			B型工艺文件		
	交易价格	直接成本	毛利	交易价格	直接成本	毛利
紧急采购	600	800	－200	600	400	200
提前采购	600	400	200	600	200	400

从表4-4可以看出，①紧急采购会使原料供应商的直接成本大幅度上涨，在与制造企业谈判的时候，不具有优势。若售价过高，可能达不成交易；若售价过低，可能亏损或者利润空间过低。②生产B型原料比生产A型原料可争取更大的利润空间。所以，原料供应商需要考虑研发、采购、谈判等各种因素，设计适合企业生存发展的决策。

（2）成长期。成长期的商务谈判主要集中在制造企业和贸易企业之间，贸易企业的优势是投资灵活，主要成本就是广告费用，并且贸易企业投放广告主要依托制造企业所在的地区产品的产量。因此，在成长期，贸易企业必须和制造企业达成战略合作，一方面制造企业可以保证在一个相对合理的价格基础上确保产品的产量，实现制造企业自身的造血功能，产生稳定的营业收入；一方面贸易企业可以在确保销量的基础上，合理制定广告策略，实现广告最大效用，在保证一定营业收入的前提下成本投入相对最小。

我们以L产品为例，L产品市场价格4 000元，制造企业L产品A型工艺文件$L_A=2M1$，$L_B=M1$，如果原材料$M1=1\ 200$元的话，L_A产品的直接成本就是2 400元，加上其他的分摊费用，以及一定的利润空间，以保证企业后续资金的不断投入，制造企业给出的价格很可能就超过了市场价格4 000元，这时候就需要贸易企业和制造企业之间求同存异，去寻找双方都能接受的价格，形成价格同盟，比如制造企业可以改进L产品工艺降低直接成本，贸易企业可以通过广告影响力提高L产品在市场上的销售价格，最终双赢。

（3）成熟期。成熟期的商务谈判体现在原材料供应商、制造企业和贸易企业三者之间，所有核心企业都要根据企业盈利情况进行运营考核，但是考核是根据不同类型的企业进行的，也就是说原材料企业之间进行排名，制造企业之间进行排名，贸易企业之间进行排名，这样就会保证三个不同类型企业之间不存在直接的竞争对抗，反而鼓励三个类型企业形成供应链同盟，三者进行合理的利润分割，实现整个供应链的竞争优势。

因此，在进行商务谈判中，就要严格按照本书项目3商务决策设计中“1.2.3C的决策设定”来谈判各种商品的价格：

原材料供应商的原料定价P＝直接成本＋分摊费用＋分割利润

制造企业的产品定价P＝直接成本＋分摊费用＋分割利润

贸易企业的商品定价P＝直接成本＋分摊费用＋分割利润

任务2 初创期决策实施

2.1 初创期决策设计

企业初创期（模拟运营1—4季度）战略经营规划需要考虑的内容如下：

- 企业想研发哪些产品？计划何时研发成功？
- 企业想进入哪些市场？以何种方式进入？
- 企业想如何投建厂房和仓库？预计支出多少？
- 企业想投资什么样的生产线？如何协调生产线的弹性和柔性？

➢ 企业是否需要进行资质认证？

➢ 企业的融资策略是什么？

➢ 企业的目标客户和合作对象的获取策略是什么？

以上问题的规划要用数字说话，需要分析市场，确认产品研发、生产设施的铺设，确定设计筹资方案和筹资规模，制定企业目标和预算控制，构建产业链条。表4－5至表4－7可以帮助初创企业理顺这些问题。

表4－5　　初创期企业决策设计（研发方面）

产品类型	计划研发开始时间	计划研发成功时间	计划投入研发资金	计划投入研发人员	计划投入研发能力

注：根据企业团队的讨论决策，按企业需要进行填写，若无研发，可以不填。

表4－6　　初创期企业决策设计（生产方面）

时间	产品类型	计划产量	使用生产线	厂房类型	仓库类型	计划销售量	销售渠道	合作对象
第1季度								
第2季度								
第3季度								
第4季度								

注：根据企业需要进行填写，若企业不涉及某项指标，可以不填。

表 4-7　　初创期企业决策设计（财务方面）　　单位：万元

规划内容		第1季度	第2季度	第3季度	第4季度
季始现金					
贷款金额					
贷款期限					
融资渠道					
还款本息					
计划研发支出					
固定设施支出	厂房支出				
	仓库支出				
	生产线支出				
生产成本	预计工人工资				
	预计直接生产成本				
	计划销售费用				
预计收入					
预计利润					

注：根据企业团队的讨论决策，按企业需要进行填写，若企业不涉及某项指标，可以不填。

2.2　初创期决策运行

本实训系统核心企业包括贸易企业、制造企业和原料供应商，整个系统运转的推进由制造企业推进。由前面的论述可知，供给量决定了需求量。制造企业由于生产制造产品产生对原料的需求（原料供应商），下线的产品产生市场的需求（贸易企业），从而形成完整的供需链。为了记录企业的实际运行情况，以便检查企业决策运行是否按照规划执行，表4-8至表4-10从研发、生产、财务三个方面检测企业实际运行情况与决策规划的对比，从而帮助企业查漏补缺，及时调整战略规划。

表 4-8　　初创期企业决策运行（研发方面）

产品类型	研发开始时间		研发成功时间		投入研发资金		投入研发人员		投入研发能力	
	计划	实际	计划	实际	计划	实际	计划	实际	计划	实际

注：根据企业团队的讨论决策，按企业需要进行填写，若无研发，可以不填。

表 4－9　初创期企业决策运行（生产方面）

时间	产品类型	生产量		投建生产设施			销售量		销售渠道	合作对象
		计划	实际	生产线	厂房	仓库	计划	实际		
第 1 季度										
第 2 季度										
第 3 季度										
第 4 季度										

注：根据企业需要进行填写，若企业不涉及某项指标，可以不填。

表 4－10　初创期企业决策运行（财务方面）　单位：万元

规划内容		第 1 季度		第 2 季度		第 3 季度		第 4 季度	
		计划	实际	计划	实际	计划	实际	计划	实际
季初现金									
贷款金额									
贷款期限									
融资渠道									
还款本息									
研发支出									
固定设施	厂区支出								
	厂房支出								
	仓库支出								
	生产线支出								
生产成本	工人工资								
	直接成本								
	销售费用								
销售收入									
利润									

注：根据企业需要进行填写，若企业不涉及某项指标，可以不填。

2.3 决策实施总结和调整

对比决策规划与企业实际运行的差异，并根据企业内外部环境，从决策设计—运行—验证—调整决策的角度，对企业的研发、生产、财务三方面进行总结，并调整企业决策。表4-11可以帮助企业总结初创期企业运营的经验教训，理清决策，调整方向。

表4-11 企业决策调整内容

指标		决策执行总结	决策调整
研发	研发资金		
	研发人员		
生产	产量		
	固定设施		
	生产成本		
财务	贷款规模		
	综合费用		
	销售收入		
	利润		

2.4 实例分析

在环境运行的初期，贸易企业由于不需要研发和生产，业务比较少，规划也比较简单，下面以制造企业为典型案例，对初创期的企业战略实施做一些建议。

制造企业初始资金1 000万元，只有L_A的生产资格，初始原料价格价高，导致生产成本较高，利润空间较小。很多企业第一季度选择不生产，主要通过谈判选择合适的原料供应商，希望获取较低的原料价格，同时积极研发高阶产品（即B类产品）降低直接成本。以一家运营比较成功的制造企业为例，说明制造企业在成立初期成功的决策实施。

这家企业的研发决策，由表4-12可以看出：一是研发推进得比较快，且成功率较高，决策的制定与实施几乎没有偏离，按照推荐资金和推荐的研发能力进行投资，每个季度都能够成功研发出新产品，这样可以使企业尽快投入新产品的生产，成为行业的领头者，快速成长盈利。二是研读清楚了每一个新工艺研发成功后的后续工艺，避开了O_A的研发投入，节约了研发成本。

表4-12 某制造企业初创期企业决策运行（研发方面）

产品类型	研发开始时间		研发成功时间		投入研发资金（万元）		投入研发人员		投入研发能力	
	计划	实际	计划	实际	计划	实际	计划	实际	计划	实际
L_A	第1季度	第1季度	第2季度	第2季度	30	50	5	5	50	50
H_A	第1季度	第1季度	第2季度	第2季度	100	100	10	10	100	100

续表

产品类型	研发开始时间		研发成功时间		投入研发资金（万元）		投入研发人员		投入研发能力	
	计划	实际	计划	实际	计划	实际	计划	实际	计划	实际
H_B	第 2 季度	第 2 季度	第 3 季度	第 3 季度	40	40	5	5	50	50
S_A	第 3 季度	第 3 季度	第 4 季度	第 4 季度	300	310	10	10	100	100
O_B/S_B	第 4 季度	第 4 季度	第 5 季度		60	70	3	5	30	50

这家企业的生产策略（如表 4－13 所示）成功之处在于：一是善于应用生产线的升级改造。第 1 季度升级了一条半自动线，第 3 季度升级一条全自动线，在节约资金和厂房容量的同时，使产量大大提升。二是生产线扩建迅速，提前为高端产品的生产布设了生产线，第 3 季度为第 5 季度生产 S_B 投建并升级一条全自动线，第 4 季度为生产 O_B、S_B 提前投建 2 条全自动线。三是善用半自动线和柔性线，提高了生产的灵活性。四是第 1 季度没有生产，主要是研发、谈判。由于研发推进得比较快，每个季度均生产 B 类产品，降低了直接生产成本。生产线产能利用比较高，产量较大，帮助企业快速盈利。

表 4－13　　某制造企业初创期企业决策运行（生产方面）

时间	产品类型	生产量（件）		投建生产设施			销售量（件）		销售渠道	合作对象
		计划	实际	生产线	厂房	仓库	计划	实际		
第 1 季度	L_B			半自动升级 1（L_B）	大厂房 1				贸易企业	原料 3、4 贸易 2
	H_A			自动线 1（L_B）	大厂房 1				贸易企业	
第 2 季度	L_B	3 000	3 200	柔性线 1（H_B）	大厂房 1	租大库 1			贸易企业	原料 3、4 贸易 2、3
				自动线 2（H_B）	大厂房 2	租大库 2			贸易企业	
第 3 季度	L_B	3 500	3 500	全自动线 3（S_B）升级	大厂房 2	租大库 3	2 000	2 000	贸易企业	原料 3、4、7 贸易 2、3、6
	H_B	2 000	1 200		大厂房 2				贸易企业	
第 4 季度	L_B	4 100	4 000	全自动线 4（O_B）	大厂房 3	租大库 4	2 000	2 000	贸易企业	原料 3、4、7 贸易 2、3、6
	H_B	2 200	2 000	全自动线 5（S_B）	大厂房 3		1 200	1 200	贸易企业	

注：表中原料 3、4、7，贸易 2、3、6 等表示实训系统中模拟企业编号。

这家企业的财务决策如表 4－14 所示，成功之处在于：一是他们了解初创期的企业一般处于亏损状态，所有者权益会一直下降，所以在第一季度就贷款 800 万元，把能贷的资金全部贷出来了，资金充足，以尽快地研发出高阶产品，铺设较多的高级生产线。二是仓库全部租赁，提高了资金的周转率；由于没有占用厂区面积，为后期建设更多的厂房打下了基础；由于第 1 季度没有生产和原料入库，从第 2 季度开始租赁，降低了费用。三是招聘的人员没有冗余，按照生产计划严格核算生产能力，比较决策规划与实际运行可以看出，没有造成资金浪费。

表 4－14　　某制造企业初创期企业决策运行（财务方面）　　单位：万元

规划内容		第 1 季度		第 2 季度		第 3 季度		第 4 季度	
		计划	实际	计划	实际	计划	实际	计划	实际
季初现金		1 000	1 000	1 000	1 100	300	310	160	155
贷款金额		800	800					100	100
贷款期限		3Q	3Q					4Q	4Q
融资渠道		信贷	信贷					信贷	信贷
还款本息				15	15	15	15	515	515
研发支出		130	150	40	40	300	310	60	70
固定设施	厂区支出	96	96					48	48
	厂房支出	60	60	60	60			60	60
	仓库支出			40	40	60	60	80	80
	生产线支出	300	300	350	350	150	150	375	375
生产成本	工人工资	15	15	25	25	33	35	38	40
	直接成本			300	280	550	500	650	600
	销售费用								
销售收入						780	800	1 400	1 500
利润		－250	－260	－120	－150	－10	0	400	450

注：企业根据需要进行填写，不涉及的指标未填。

总之，这家企业在初创期由于软硬件设施较好，产品研发进程较快，可以较快得生产大量新产品，因而合作伙伴较多，产品销路较好，可以预测这家企业进入发展期后会快速盈利并成长。

原料供应商处于整个供应链的上游，所以运营任务比其他类型的企业启动得更快，研发和生产都要更早地进行才可以更好地为制造企业提供原料，所以他们的决策与制造企业类似，不过进度要更快。贸易企业在初期任务较少，这是因为很多制造企业在第二季度才开始上线生产，第三季度才有产品开始下线，市场上才有大量的供给。所以贸易企业前期的主要任务是寻找谈判合作伙伴（制造企业），以合适的价格和数量获签成品订单。

以上的战略规划只是制造企业中典型例子。他们在整个模拟运营中胆大心细敢干，在企业初创期很少有失误，一般处于领先者的地位。当然有的模拟企业由于团队的能力、素质、性格和想法不同，可能更愿意做一个市场的追随者，则会有不同的战略规划，在此不再赘述。

延伸阅读 4－2

波士顿矩阵

波士顿矩阵（BCG Matrix），又称市场增长率——相对市场份额矩阵、波士顿咨询集团法、四象限分析法、产品系列结构管理法等。由美国著名的管理学家、波士顿咨询公司创始人布鲁斯·亨德森于1970年创作。

波士顿矩阵认为一般决定产品结构的基本因素有两个：即市场增长率和市场占有率或者毛利率。如图4-3所示。

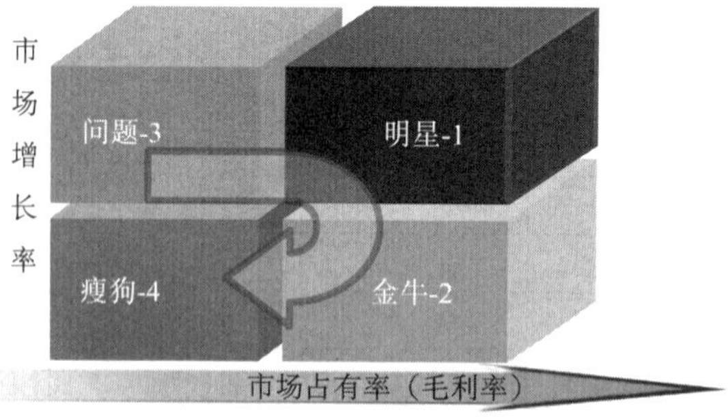

图4-3 波士顿矩阵

处于上升期且有很好发展趋势的产品称为明星产品；处于成熟期、市场占有率较大，且盈利空间比较大的产品称为金牛产品；正在逐步退出市场且盈利空间比较小的产品称之为瘦狗产品；问题产品则是未来发展趋势不明朗，虽然目前有很大的市场需求但营利能力不太好。企业可以根据现有资金和营运资本管理情况，确定适当的产品或服务组合。

任务3 成长期决策实施

3.1 成长期决策设计

经过1—4个季度的经营，企业渡过了初创期，很多企业研发基本完成，来到了成长期（模拟运营5—7季度），各类型的企业都度过了破产危机，迎来了快速发展的时期。这个时期企业以期在降低生产成本的同时销售更多的产品从而获得规模性盈利，所以企业需要根据市场情况和企业自身情况对前期的战略规划进行调整，考虑新的决策重点，须考虑的问题如下：

- 每个季度的目标产品是什么？生产规模多大？是否扩大生产规模？
- 每种目标产品的总成本预计多大？直接生产成本多少？是否过高？如何降低？
- 企业的目标市场有哪些？如何进入这些市场？
- 每个季度的销售费用计划多少？是否销售不足？
- 每种产品预计的售价多高？如何实现？

本系统模拟L、H、O及S型四种不同类型手机产品的生产及经营管理过程。想要捋顺以上问题，需要透彻了解市场，确定目标市场和目标产品，即市场定位，可以通过波士顿矩阵确定。

系统模拟运营10个季度，随着每种产品所处的生命周期不同，产品经历着由明星产品向金牛产品，再到瘦狗产品的转变。比如L产品，运营初始是金牛产品，是企业利润的主要来源，随着市场需求的改变，到第4、5季度逐渐转变成瘦狗产品，直至退出市场。H产品则是由第2、3季度的明星产品，转变成第4、5季度的金牛产品，从第6、7季度开始逐渐转变成瘦狗产品，并逐渐退出市场。而O和S则逐渐由明星产品向金牛产品转变，在模拟运营期结束，这两种产品已然成为金牛产品。所以各企业应根据产品的生命周期和波士顿矩阵选择目标市场和目标产品。

表4-15至表4-18可以帮助企业确定成长期的决策重点。

表4-15 成长期企业决策设计（采购方面）

时间	原料名称	计划需求数量	库存	计划采购数量	计划采购资金	供货商
第5季度						
第6季度						
第7季度						

注：根据企业需要进行填写，若企业不涉及某项指标，可以不填。

表4-16 成长期企业决策设计（生产方面）

时间	产品名称	计划生产线产能	计划工人产能	计划生产数量	计划生产成本
第5季度					
第6季度					
第7季度					

注：根据企业需要进行填写，若无生产，可以不填。为了便于核算，生产成本可以在直接生产成本的基础上进行适当浮动，无需填写精确数据。

表 4－17　成长期企业决策设计（销售方面）

时间	产品名称	计划目标市场	广告费预算	预计产品售价	计划销售量	毛利
第 5 季度						
第 6 季度						
第 7 季度						

注：根据企业需要进行填写，若企业不涉及某项指标，可以不填。

表 4－18　成长期企业决策设计（财务方面）　单位：万元

规划内容		第 5 季度	第 6 季度	第 7 季度
季初现金				
贷款金额				
贷款期限				
融资渠道				
还款本息				
固定设施支出	厂区支出			
	厂房支出			
	仓库支出			
	生产线支出			
生产成本	预计工人工资			
	预计直接生产成本			
	计划销售费用			
预计收入				
预计利润				

注：根据企业需要进行填写，若企业不涉及某项指标，可以不填。

3.2　成长期决策运行

虽然理论上讲，市场机会是无限的，但在市场环境中存在多个竞争对手，在实际运行中由于多个因素的影响，与企业专长一致或接近，同时又能赚钱的行业或产品却是有限的。所以企业必须把握机会与实力的平衡，及时调整策略。表 4－19 至表 4－22 从采购、生产、销售、财务四个方面检测企业实际运行情况与决策设计的对比，从而帮助企业适应环境变化，快速成长。

表 4－19　成长期企业决策运行（采购方面）

时间	原料名称	需求数量		库存	采购数量		采购资金		供货商
		计划	实际		计划	实际	计划	实际	
第 5 季度									
第 6 季度									
第 7 季度									

注：根据企业需要进行填写，若企业不涉及某项指标，可以不填。

表 4－20　成长期企业决策运行（生产方面）

时间	产品名称	生产线产能		工人产能		生产数量		生产成本	
		计划	实际	计划	实际	计划	实际	计划	实际
第 5 季度									
第 6 季度									
第 7 季度									

注：根据企业需要进行填写，若无生产，可以不填。为了便于核算，生产成本可以在直接生产成本的基础上，进行适当上浮。

表 4-21　　成长期企业决策运行（销售方面）

时间	产品名称	目标市场/合作对象	广告费		产品售价		销售量		毛利	
			计划	实际	计划	实际	计划	实际	计划	实际
第 5 季度										
第 6 季度										
第 7 季度										

注：根据企业需要进行填写，若企业不涉及某项指标，可以不填。

表 4-22　　成长期企业决策设计（财务方面）　　单位：万元

规划内容		第 5 季度		第 6 季度		第 7 季度	
		计划	实际	计划	实际	计划	实际
季初现金							
贷款金额							
贷款期限							
融资渠道							
还款本息							
固定设施支出	厂房支出						
	仓库支出						
	生产线支出						
生产成本	工人工资						
	直接生产（采购）成本						
	销售费用						
销售收入							
利润							

注：根据企业需要进行填写，若企业不涉及某项指标，可以不填。

企业在发展壮大的过程中，一定要考虑清楚，是做市场的领导者还是追随者，想要做大企业还是小企业，一般大企业占有大市场，小企业占有小市场。市场定位决定了竞争的战场，也就决定企业和谁竞争，是高端产品、中端产品还是低端产品。

在发达的市场经济环境中，大企业正在不断扩大规模，以达到规模经济效益；小型企业沿着自己的道路，针对某个特定的消费群体去发展（即市场专一化）；而中型企业就必须作出自己的判断，该往何处走，是否有机会作成大型企业？如果没机会，还不如把它分成若干个小企业，做成产品专一化或者市场专一化。

3.3 决策实施总结和调整

对比决策设计与企业实际运行的差异，并根据企业内外部环境，从决策设计—运行—验证—调整角度，对企业的采购、生产、销售、财务四方面进行总结，并调整企业决策。表4－23可以帮助企业总结成长期企业运营的经验教训，理清决策调整方向。

表4－23 企业决策调整内容

指标		决策执行总结	决策调整
采购	采购数量		
	采购成本		
生产	产能		
	产量		
	固定设施		
	直接成本		
销售	目标市场		
	目标产品		
	销售量		
	毛利		
财务	贷款规模		
	综合费用		
	利润		

3.4 实例分析

原料供应商处于供应链的上游，它是整个模拟环境中最先发展起来盈利并成熟的，在成长期只需要与合作伙伴（制造企业）谈判好合作条款，就可以稳步经营，利润随着生产和销售规模的扩大持续增长，风险性不大，贸易企业处于供应链的下游，这种类型企业经营的好坏直接关系着实训环境整个市场的大小，因此下面以贸易企业为例，分析企业成长期的决策设计和实施。

由于模拟环境的设定，在第1—4季度各类产品的市场需求较少，贸易企业发展比较缓慢，几乎不能实现盈利。随着新产品的研发成功和生产，各种产品生命周期发展阶段也在发生变化，成长期的贸易企业目标产品在逐渐变化，且随着市场需求的变化，市场规模也在扩大。以一家贸易企业为例说明其在成长期的决策重点。

从表4－24可以看出这家贸易企业采购决策的得失：一是企业基本上能做到准时采

购，每个季度实际采购数量及采购资金与计划的差别不大，且有些产品做到了零库存，这样保证了企业资金的利用率。二是合作的制造企业在逐季增加，由第5季度的3家增至第7季度的4家，通过建立多个稳定的合作伙伴，从而获得充足的货源和弹性较大的价格判断空间。三是对L产品的采购计划未能按照产品生命周期设计，导致第7季度有1 000件L库存，未能售出，但是L是中间件，可以转而卖给制造企业，回笼资金。

表4－24　　某贸易企业成长期企业决策运行（采购方面）

时间	原料名称	需求数量（件）		库存	采购数量（件）		采购资金（万元）		供货商
		计划	实际		计划	实际	计划	实际	
第5季度	L	2 000	1 800	200	1 800	2 000	630	700	制造4、9
	H	1 000	1500		1 000	1 500	500	750	
	O	400	430		400	450	300	350	
第6季度	L	1 000	1 000	200	1 000	1 500	300	450	制造4、5、9
	H	3 000	4 000	300	3 500	4 000	1 600	1 800	
	O	1 000	1 000		1 000	1 200	750	900	
	S	500	500		500	500	500	500	
第7季度	L			1 000					制造2、4、5、9、13
	H	2 000	2 000	300	1 700	1 500	680	600	
	O	2 000	2 000	200	1 800	2 000	1 400	1 500	
	S	1 500	1 500		1 500	1 600	150	160	

注：企业根据需要进行填写，不涉及的指标未填。表中制造2、4、5、9、13等表示实训系统中模拟企业编号。

由表4－25可知这家贸易企业盈利能够逐季攀升，主要在于：一是紧随市场需求，它的目标产品由第5季度的L、H逐步过渡到第7季度的O和S。从销售数量上看每个季度都以盈利空间比较大产品（金牛产品）为其主营业务，比如第5季度主营L，第6季度主营H，第7季度主营O，这样始终作为市场的领先者，获取新产品销售的红利，从而能够快速获得资本积累。二是通过群体广告投放，提高广告效应，目标市场逐季增多，每季度都能以较高的竞价获取订单进行销售，销售额逐季度攀升。

表4－25　　某贸易企业成长期企业决策运行（销售方面）

时间	产品名称	目标市场/合作对象	广告费（万元）		产品售价（万元）		销售量（件）		毛利（件）	
			计划	实际	计划	实际	计划	实际	计划	实际
第5季度	L	武汉、深圳、成都	80	80	0.4	0.41	1 800	2 000	90	120
	H				0.6	0.62	1 500	1 200	150	144
	O				0.9	0.93	430	450	65	81
第6季度	L	武汉、深圳、成都、北京	120	120	0.4	0.38	1 000	500	100	40
	H				0.6	0.58	3 500	4 000	525	520
	O				0.9	0.9	1 000	1 000	150	150
	S				1.2	1.25	500	500	100	125

续表

时间	产品名称	目标市场/合作对象	广告费（万元）		产品售价（万元）		销售量（件）		毛利（件）	
			计划	实际	计划	实际	计划	实际	计划	实际
第7季度	H	武汉、深圳、成都、北京、大连	160	160	0.6	0.58	2 000	1 800	400	324
	O				0.9	0.9	2 000	2 000	300	300
	S				1.2	1.2	1 500	1 600	300	320

注：企业根据需要进行填写，不涉及的指标未填。

贸易企业费用支出项目较少，财务规划较简单，主要的现金支出是产品的采购。由表4－26可知这家贸易的仓库是租的，并未购买，资金主要用于产品的采购上面。贷款金额根据资金需求核算比较精确，提高了资金的利用率，减少了利息支出。

表4－26　　某贸易企业成长期企业决策设计（财务方面）　　单位：万元

规划内容		第5季度		第6季度		第7季度	
		计划	实际	计划	实际	计划	实际
季初现金		1 200	1 100	400	130	30	140
贷款金额		800	1 000	1 000	2 000		
贷款期限		4Q	4Q	4Q	4Q		
融资渠道		信用	信用	信用	信用＋质押		
还款本息		9	9	15	20	35	1 040
固定设施支出	厂房支出						
	仓库支出	40（租）	40（租）	60（租）	60（租）	60（租）	60（租）
	生产线支出						
生产成本	工人工资						
	直接生产（采购）成本	1 430	1 800	3 150	3 650	2 230	2 260
	销售费用	80	80	120	120	160	160
销售收入		2 000	1 900	4 000	4 025	4 800	4 700
利润		145	185	655	615	745	684

注：企业根据需要进行填写，不涉及的指标未填。

整体上看，这家贸易企业根据市场需求，通过建立多个稳定的合作伙伴获得充足的货源，通过广告投放获得大量订单，从而实现盈利的增加。

任务4　成熟期决策实施

4.1　成熟期决策设计

企业发展进入成熟期（模拟运营8—10季度），各企业普遍实现盈利，此时需要评价企业发展状况，找出企业经营目前存在的问题，提出改进策略，从而发现企业资产增长的方向，以期实现利润最大化，并提升企业可持续发展的能力。可以对企业的财务能力、客户管理、内部运营能力、员工的学习和成长进行全面评价，化战略为行动。需要考虑的问题如下：

- 每个季度的偿债能力、营利能力、运营能力以及发展能力如何？
- 每个季度的市场占有率如何？是否在逐季度提升？客户是否满意？
- 企业内部流程运营及控制是否科学合理？每个季度的运营决策是否能够按期完成？能够准时采购和生产？交货率如何？
- 团队默契度如何？员工有效知识贡献量如何？专业知识利用水平如何？

以上问题可以借助平衡记分卡（Balanced Scorecard）帮助梳理思路，根据模拟环境中企业涉及的各项业务，参照BS的设计思路，设计出表4－27，各企业对照核查决策制定和决策实施是否脱节，以往工作结果的指标是否能够驱动企业的未来业绩，企业能否实现利润最大化，内部的业务流程和操作是否需要优化，企业的战略目标是否能够转化为员工的日常行动，企业是否具有可持续发展的能力。

表4－27　　成熟期企业绩效评价指标体系

层面	评价指标	指标填写说明
财务绩效	ROE（净资产收益率）	净利润/净资产
	资产负债率	负债总额/资产总额
	总资产周转率	销售收入/平均总资产
	销售增长率	本季销售额/本季销售额－1
	利润增长率	本季营业利润总额/上季营业利润总额－1
客户和市场	市场占有率	每种产品销售量/每种产品市场总量
	客户满意度	合作伙伴的满意程度
内部流程管理	采购定货准时率	到货量/下单量
	生产准时率	上线量/计划量
	按时交单率	交单量/订单量
学习和成长	有效知识贡献条数	团队成员在运营决策中提供的专业知识条数
	每季运营按时结束次数	模拟期在规定时间内结束运营的次数
	员工满意度	团队成员对和谐度、企业运营结果的满意程度

延伸阅读4－3

平衡记分卡

平衡记分卡（Balanced Scorecard）是一套能使管理者快速而全面地考察企业业绩的评价系统，为企业制定决策提供方向。它采用了衡量未来业绩的驱动因素指标，从财务、客户、内部业务流程、学习和创新四个角度来评价企业的业绩，弥补了仅用财务指标衡量企业绩效的不足。财务指标是企业追求的结果，其他三方面的非财务指标是取得这种结果的动因。如表4－28，描述了平衡积分卡的评价指标。

表 4－28 平衡积分卡评价指标

层面	评价指标
财务	ROE（净资产收益率）、营业收入、投资报酬率、经济增加值等
客户	满意度、保持率、市场占有率等
内部	质量、反应时间、成本、推出新品等
学习与成长	员工满意度、员工培训和技能等

4.2 成熟期决策运行

在模拟运营的后期，即第 8 –10 季度，各企业进入发展成熟期，各企业更加关注自身的健康成长，并发现企业利润新的增长点。每季度运行结束后，可以根据表 4－29 评价企业的运营情况，并根据评价结果和内外部环境调整决策，从而优化企业内部操作，促进员工学习成长，实现企业利润最大化。

表 4－29 成熟期企业绩效评价及调整

层面	评价指标	第 8 季度		第 9 季度		第 10 季度	
		实际	调整	实际	调整	实际	调整
财务绩效	ROE（净资产收益率）						
	资产负债率						
	总资产周转率						
	销售增长率						
	利润增长率						
客户和市场	市场占有率						
	客户满意度						
内部流程管理	采购定货准时率						
	生产准时率						
	按时交单率						
学习和成长	有效知识贡献条数						
	是否按时结束						
	员工满意度						

4.3 决策实施总结和调整

通过企业绩效评价结果及调整情况，对成熟期的企业运营做出实训总结，从财务绩效、客户和市场、内部流程管理、学习和成长方面进行总结，深思在实训过程中的经验和教训（见表 4－30）。

表 4-30　　成熟期企业决策总结和调整

指标	决策总结和调整
财务绩效	
客户和市场	
内部流程管理	
学习和成长	

4.4 实例分析

以一家在整个环境中经营业绩处于中游的原料供应商为例（见表 4-31），说明企业处于成熟期如何应用平衡记分卡评价企业的运营状况，从评价结果中找出经营中存在的问题，并提出改进策略，找出利润增长点。

表 4-31　　某原料供应商成熟期的绩效评价及调整

层面	评价指标	第 8 季度		第 9 季度		第 10 季度	
		实际	调整	实际	调整	实际	调整
财务绩效	ROE（23%）	19%	↑	35%	—	20%	↑
	资产负债率（40%）	23%	↑	21%	—	25%	↑
	总资产周转率（50%）	50%	—	40%	↑	23%	↑
	销售增长率（20%）	10%	↑	3%	↑	-2.7%	↑
	利润增长率（15%）	5%	↑	4%	↑	4%	↑
客户和市场	市场占有率	12%	—	11%	↑	9%	↑
	客户满意度	100%	—	100%	—	100%	—
内部流程管理	采购定货准时率	95%	↑	100%	—	95%	—
	生产准时率	100%	—	90%	↑	90%	↑
	按时交单率	100%	—	100%	—	100%	—
学习和成长	有效知识贡献条数	7	—	5	↑	4	↑
	是否按时结束（次数）	7	—	7	↑	9	—
	员工满意度	95%	—	90%	↑	85%	↑

注：“↑、↓、—”代表企业各指标调整的方向。

表 4-31 是一家原料供应商在 8—10 季度应用平衡记分卡评价企业绩效的结果，从表中可知它的决策的设计与调整：

在财务绩效方面，各评价指标结果均小于行业水平，存在很大的改进空间。主要问题在于销售额增长过慢，利润增长率过低，说明销售不足或者成本过高，导致企业增速缓慢，它需要通过资金运作扩大生产和销售，通过议价降低成本以获得更高的销售收入和利润。

在客户和市场方面，市场占有率不高，且每季几乎没变化，说明他们没有寻求新的销售渠道，没能开发更多的客户或者产量没有随市场的需求扩大，它可以寻找更多合作伙伴，增加产品销售，以提升市场占有率。

在内部流程管理方面，采购准时率及生产准时率有待提高，排线布产方面做得不够精确。采购人员和生产人员需要提升计划能力，做好准时采购和生产。

在学习和成长方面，专业知识的利用率不高，说明团队未能很好地做到理论应用于实际，从员工满意度上看，团队还需要进一步培养默契度、寻找合适的沟通方式。

思考题

1. 企业在各成长阶段应如何设计适合发展的决策？
2. 企业应如何与合作伙伴谈判？
3. 企业应如何评价运营绩效？

实训环节

实训平台模拟经营

一、实验目的

1. 了解实训平台市场部、销售部的软件操作模块，并针对市场需求进行市场分析和营销策略制订。

2. 了解实训平台厂区、厂房、原料仓库、成品仓库、生产部和研发部的软件操作模块，并针对生产现状编制企业的生产计划。

3. 了解实训平台财务部的软件操作模块，并掌握企业的现金流量表、利润表、资产负债表的编制工作。

二、实验内容

1. 结合本季度厂房、仓库、生产部、销售部的数据，填写表4－32产品设计、表4－33企业营销情况分析。

2. 根据企业经营情况，填写表4－34企业利润表、表4－35企业资产负债表。

表4－32　产品设计

序号	产品名称	投入有效资金	投入研发人员	产品结构（BOM）
1				
2				
3				
4				
5				
6				
7				
8				

表 4－33 企业营销情况分析

项目＼季度	第1季度	第2季度	第3季度	第4季度	第5季度	第6季度	第7季度	第8季度	第9季度	第10季度
广告费										
产能										
销售额										
广告效用										

表 4－34 企业利润表

项目＼季度	第1季度	第2季度	第3季度	第4季度	第5季度	第6季度	第7季度	第8季度	第9季度	第10季度
一、营业收入										
减：营业成本										
营业税金及附加										
销售费用										
管理费用										
财务费用										
二、营业利润										
加：营业外收入										
减：营业外支出										
其中：非流动资产处置损失										
三、利润总额										
减：所得税费用										
四、净利润										

表 4－35 企业资产负债表

资产	第1年（第1—4季度）	第2年（第5—8季度）	第3年（第9、10季度）	负债和所有者权益（或股东权益）	第1年（第1—4季度）	第2年（第5—8季度）	第3年（第9、10季度）
流动资产：				**流动负债：**			
货币资金				短期借款			
应收票据				应付账款			
应收账款				应付职工薪酬			
预付款项				应交税费			
应收利息				应付利息			
其他应收款				其他应收款			
存货				一年内到期的非流动负债			
一年内到期的非流动资产				**流动负债合计**			

续表

资产	第 1 年（第 1—4 季度）	第 2 年（第 5—8 季度）	第 3 年（第 9、10 季度）	负债和所有者权益（或股东权益）	第 1 年（第 1—4 季度）	第 2 年（第 5—8 季度）	第 3 年（第 9、10 季度）
流动资产合计				**非流动负债：**			
非流动资产：				长期借款			
长期应收款				其他非流动负债			
固定资产				**非流动负债合计**			
在建工程				**负债合计**			
固定资产清理				所有者权益（或股东权益）：			
无形资产				实收资本（或股本）			
开发支出				未分配利润			
非流动资产合计				**所有者权益（或股东权益）合计**			
资产总计				**负债和所有者权益（或股东权益）总计**			

注：因只模拟经营 10 个季度，第 3 年填写第 9、10 季度的数据。

项目5
商务决策总结

项目架构图

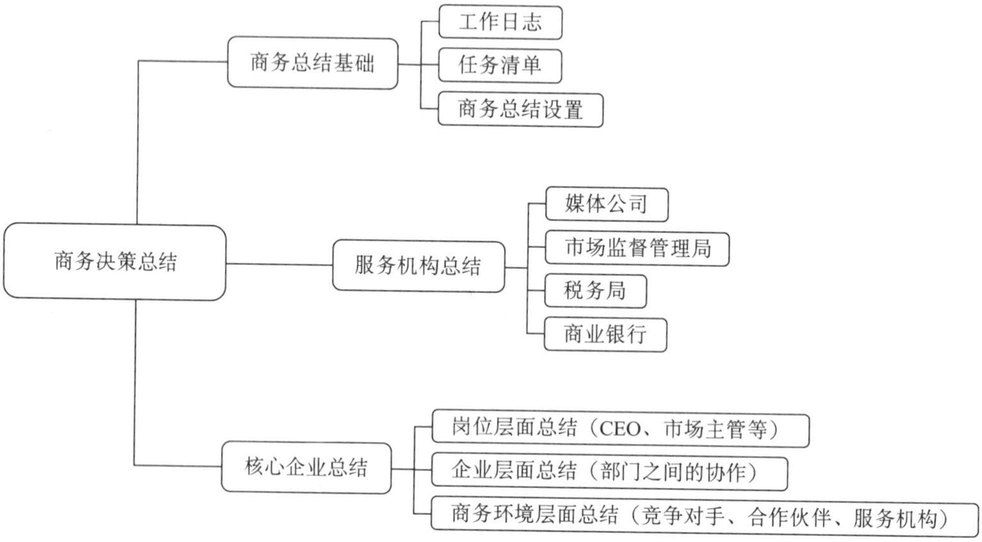

课堂导入

这周你“复盘”了吗?

“复盘”是围棋术语，也称“复局”，就是每次博弈结束以后，双方棋手把刚才的对局再重复一遍，这样可以有效地加深对这盘对弈的印象，也可以找出双方攻守的漏洞，是提高自己水平的好方法。高明的棋手下完棋后第一项工作就是复盘，通过复盘检查自己哪一步走得好，哪一步走得不对，战略战术运用得是否适用对手。不会复盘的棋手不会成为高手。

工作总结就是对某项工作或某阶段工作的“复盘”。总结某段工作实施结果，通过回顾、分析某项工作在实施过程中有哪些成功经验和应吸取的教训，并经过提炼和升华，找出事物的规律，形成理论。成功的经验可以用于指导今后的工作，避免重复错误的发生，找出存在的问题并给出解决办法。工作总结不仅是一项工作，还是一种工作方法。通过工作总结，可以使人正确认识以往工作中的优缺点，可以进一步明确下一阶段的工作方向，少走弯路，少犯错误，提高工作效率与效果。

工作总结还是由感性认识上升到理性认识的必经之路，通过工作总结，使零星的、肤浅的、表面的感性认识上升到全面的、系统的、本质的理性认识，从而寻找出工作技巧，提升工作质量。

课堂分享

请几位同学分享一下对本次综合实训课程的直观评价，尤其是结合自身在商务决策中所选择的企业（机构）类型、岗位职责来阐明自己对毕业后就业环境和创业环境的展望和畅想。

本课程通过设计、执行、对比验证、总结的逻辑顺序全面开展各项商务决策，让学生在浸入式的实训中放大自己的优点和弱点，通过复盘的方式全面提升学生发现问题、分析问题、解决问题的决策能力，从而全面提升学生的就业、创业修养。

实训目标

1. 了解工作总结的内容和撰写要求。
2. 从岗位层面分析企业生产、市场和财务等部门的经营得失。
3. 结合商务环境全局，从企业层面来分析企业运营情况，总结经验教训。
4. 学会搜集、整理数据并制作分析图表，以数据来进行工作总结。

价值引领目标

1. 通过复盘让学生真正认清自己，提高个人修养。
2. 通过同学和老师的现场评价，培养学生批评和自我批评的决策习惯，提升就业、创业修养。

任务1 商务总结基础

1.1 工作日志

工作日志是对一定时期内的工作进行记录、分析、总结的过程，具体包括当日的工作内容、工作成果、当日工作中遇到的困难和问题。首先要肯定工作取得的成绩，其次要找出工作中存在的问题，最后从实训日志中得出经验和教训。如何去做、做到什么程度的问题，是对某种工作实施结果的鉴定和结论，是对以往工作实践的一种理性认识。

按照实训进度安排，企业（机构）中的每个岗位每一天应完成当天的工作日志，具体如表5-1所示。

1.2 任务清单

为了让学生明确每天的工作内容，把握课程脉络，每天需要给整个商务环境发布任务清单。学生可以在实训之前做好实训准备，根据任务清单按时完成各项实训项目，保证整个实训课程有序进行。

表 5-1 工作日志

第____天工作日志		
企业名称：	岗位：	日期：
工作内容： 感受感想：		

日常任务清单分为4个方面：课前准备、课堂学习、课堂实践和实验报告。其中课前准备部分要求学生提前完成课前准备和课前预习内容；课堂学习主要是通过课堂讲授、课堂演示和学生自学的方式来完成相关实训内容的教学；课堂实践主要是通过具体实训项目使学生浸入式体验过程；实验报告是要求学生在完成实训项目以后及时整理、归纳实训情况，具体如表5-2所示。

表 5-2 日常任务清单

第____天任务清单		
项目	任务分解	具体内容要求
课程准备		
课程学习		
课堂实践		
实验报告		

1.3 商务总结设置

1.3.1 撰写要点

在总结报告中，要求学生结合实验事实，用数据来说话、用图表来证明、用文字来描述，避免空话、虚话和套话。

第一，掌握客观事实，广泛收集材料。

这是总结的基础。总结，就是总括事实，得出结论。没有事实就无法得出结论。总结的材料要准确，典型，丰富。写总结的人得花大量的精力去搜集、积累丰富的材料，又要对搜集的材料进行筛选，确保材料的真实性和典型性。

第二，认真地对搜集的材料作分析研究。

这是写好总结的关键。总结不是流水账，不能不分主次地去罗列数字和事例，要围绕一个中心主题精心选用典型材料，突出主要问题。

第三，反映特点，找出规律。

这是撰写总结报告的重点。每个企业（机构）在运营过程中都有自己的特点，好的总结应当总结出那些具有典型意义的、能反映自身特点以及带规律性的经验教训。

1.3.2 总结方法

（1）A→B 管理模式。为了更好地进行总结分析，结合企业（机构）的战略规划，我们采用 A→B 目标管理法进行分析，其中 A = 现状，B = 目标。

现状 = 事实 + 数据，如图 5 - 1 所示。为了实现从左下角的起点 A 到右上角的目标 B，我们需要阐述清楚我们的现状，即我们现在处在哪个位置？是处在原点 A？是处在中间位置？还是处在中间偏上？还是处在中间偏下？中途的阻碍又是什么？

图 5 - 1 现状图示描述

（2）abc 坐标分析法。abc 坐标分析法是在现状分析的基础上设计 abc 坐标，a 表示现状，是企业（机构）的现有表现位置；b 表示目标，是企业（机构）通过努力才能达到的表现位置；c 是企业（机构）是否还能提升的需要表现位置。

在明确 a、b、c 三者位置的前提下，需要厘清 a、b、c 三者关系。第一阶段，在 a 小于 c 的前提下，如果 a 等于 b，说明完成了目标，经营管理表现是合格的，可以作为成功经验进行借鉴；如果 a 小于 b，说明没有完成预期目标，经营管理表现不合格，可以作为失败教训。第二阶段，在 a 等于 b 的前提下，如果 b 大于等于 c，说明超过了挑战目标，经营管理表现是优秀的，可以作为成功经验进行推广；如果 b 小于 c，说明没有超过挑战目标，经营管理表现仍然需要继续提升。

1.3.3 总结任务设置

以 10 个季度的环境运营事实为依据，可以从两个方面进行总结。一方面是外围机构，主要包括媒体公司、市场监督管理局、税务局、商业银行的工作总结；另一方面是核心企业的工作总结，主要包括原材料供应企业、制造企业和贸易企业。

（1）外围机构任务设置。媒体公司根据发布的公众号推文、报刊文章、照片、视频等素材剪辑完成一份时长约 8 分钟的视频汇报，要求能够反映出实训的整个过程、关键节点、重要问题等信息。市场监督管理局根据企业的生产数据统计分析整个商务环境的发展现状、问题，并提出建议，汇总企业工商注册、企业违规处罚和企业年检结果。税务局根据企业的纳税金额统计分析整个环境发展现状、问题，并提出对策，汇总纳税行政审批、纳税申请和缴纳结果。商业银行根据企业贷款数据分析整个环境发展现状、问题及对策，汇总银行开户及银行盈利情况。

（2）核心企业任务设置。以典型岗位为基础进行总结，CEO 根据为期 10 个季度的资产负债表分析企业资产变化情况、股东权益的变化情况、企业行业地位情况。财务主管根据为期 10 个季度的利润表分析企业盈亏情况、贷款还款情况和生产成本情况。销售主管根据为期 10 个季度的经营数据分析市场开拓情况、广告投放情况、销售收入情况及投入产出比变化情况。生产主管根据为期 10 个季度经营数据分析产品研发情况、生产线使用情况、人员招聘情况及产品的生产情况。采购主管根据为期 10 个季度经营数据分析原料的购买情况及采购的成本情况。

（3）总结设置顺序。根据所有企业（机构）在实训中的工作内容，我们按照先外围服务机构，后核心企业的顺序进行总结，因为外围机构的工作本身是给整个商业环境决策提供服务的，能够给所有人员展现出一个相对全面的商务环境发展状况，呈现出所有企业在为期 10 个季度中的生产表现、财务表现、市场表现、税收表现等。核心企业在明确自身环境定位的基础上，结合自身实际经营情况，进行相对具体的不同岗位职能表现，从而达到行业、企业和岗位统一认知。

在外围服务机构进行总结时，按照媒体公司、市场监督管理局、税务局和商业银行的顺序进行，其中媒体公司通过播放 10 分钟的原创视频来向全体学生展现整个实训课程的不同阶段和不同环节，激发他们的参与热情。随后市场监督管理局从生产方面和销售方面对核心企业进行总结评价。税务局从财务报表和税收情况对核心企业进行总结评价。商业银行从贷款还息方面对企业进行总结评价。

在核心企业进行总结时，按照制造企业、原材料供应商和贸易企业的顺序进行，主要按照岗位分工进行，分别是 CEO、财务主管、市场主管、生产主管、采购主管。每个岗位根据工作日志和每日任务清单结合企业运营中的实际情况对岗位工作的设计、执行、对比、总结等环节进行汇报。

任务2 服务机构总结

媒体公司、市场监督管理局、税务局、商业银行作为整个商务决策的外部服务机构，不从事具体的生产、销售等企业经营工作，主要是服务于核心企业，在整个商务决策环境中具有特殊的地位和作用。在最终总结时，这些服务机构应分享其在实训过程中的工作内容、业务开展、感触等。

2.1 媒体公司

2.2.1 地位和作用

媒体公司主要任务是对整个商务决策过程进行全程报道，真实反映商务环境的发展现状，突出商务决策中出现的重大问题，引导学生进行商务决策反思，从整个商务决策的发展、企业的发展及具体的岗位角度进行挖掘、整理，撰写出真实、有趣的新闻报道。在进行总结时，由媒体公司先展示为期七天的过程性资料，如视频、电子报纸等，吸引学生们的注意力，放松大家的心情，烘托总结会的气氛，为后面学生的分组总结起到抛砖引玉的作用。

2.2.2 工作任务总结

媒体公司的主要工作是真实记录整个实训过程，并通过短视频、微信公众号推文、电子报纸等形式每天公布。除此之外，媒体还兼顾活动组织工作。因此，媒体公司的任务总结包括这几个方面：

（1）视频制作。视频制作是将图片、背景音乐、视频等多种素材进行处理，精心编排，最终生成一个几分钟的小视频，还可以添加转场特效、MTV 字幕特效、添加文字注释等功能。在实训课程中，媒体公司对于实训过程中的每一流程和重要活动，都应通过拍照片、拍视频等方法进行记录与追踪，在每天的课程结束后剪辑成一个几分钟的小视频供全体学生回顾。

（2）微信公众号推文。“自媒体”，英文为“We Media”，是个体通过网络等途径向外发布其自身生活、成果等的传播方式。自媒体有别于由专业媒体机构主导的信息传播，它是由普通大众主导的，由传统的“点到面”的传播，转化为“点到点”的一种对等传播概念。同时，它也是指为个体提供信息生产、积累、共享、传播内容兼具私密性和公开性的信息传播方式。随着自媒体时代的到来，普罗大众可以通过论坛、博客、微博、微信以及新兴的视频网站等多种途径来展现自己的生活、成果等。在本实训过程中，媒体公司负责运营本课程的微信公众号，在为期七天的上课时间内，媒体公司每天要在公众号上发表一篇关于课程的图文并茂的推文，可以是实训内容，也可以是上课过程中发生的趣事等，目的是真实而全面地记录并展示本课程实训过程。

（3）电子报纸。电子报纸，是指通过电子通信手段出版发行的报纸形式。电子报纸把新闻和广告等内容以数字化形式保存在计算机内，是电子计算机和电视广播相结合的产物。在信息社会中，它可提供比普通报纸更为详尽而生活的信息，具有自身的优势。在本实训过程中，媒体公司负责电子报纸信息资料的搜集、内容的撰写、版面排版等，每天根据实训内容制作一张电子报纸供所有学生阅读。

延伸阅读 5－1

电子报纸的优势

电子报纸最早出现于美国，1981 年《哥伦布电讯报》做了历史上第一次电子报纸传送试验。20 世纪 90 年代，网络实现全球互联后，报纸版面被搬上网络传送，称为报纸网络版，这是电子报纸的第二代。最新型的电子报纸是一种以电子纸（超薄可折叠显示屏）为传送终端的报纸，21 世纪初就已出现。电子报纸与传统报纸相比，具有以下优势。

（1）电子报纸时效性更强。传统报纸是以月、周、日为周期出版发行的，电视、广播最快也是以小时更新播出的，而网络新闻则以分钟为单位发布及传播的。

（2）电子报纸表现形式多样。电子报纸由于采用了多媒体技术，图像、文字、声音融为一体，内容丰富，让人耳目一新。

（3）电子报纸容量大，不受版面的限制，读者足不出户，通过网络就能够浏览到世界各地的各种新闻信息，能够达到资源共享的目的。

（4）管理程序简单。由于电子报纸可以省略印刷、发行、加工、整理等许多流程，大幅度降低了运营成本和管理成本，也节约了储藏空间，简化了各种管理环节，减少了人力、物力、财力的投入。

当然，电子报纸并不是十全十美的，也存在一些缺点。

（4）活动组织。为了丰富实训课程内容，活跃课堂气氛，充分发挥学生的创新才能、展示个性，由媒体公司组织举办海报设计大赛。媒体公司需要完成大赛方案的设计、组织大赛顺利进行，并进行海报评选结果汇报等活动。

媒体公司从以上四个方面进行总结的要点，具体可以参考表 5－3。

表 5－3 媒体公司总结要点

工作任务	成果	内容	展示效果	优劣及改进
视频制作				
微信公众号推文				
电子报纸				
活动组织				

案例分享 5－1

海报大赛策划书

1. 活动目的

为缓解实训课紧张的气氛，丰富课余生活，活跃课堂气氛，为喜欢绘画和设计的同学提供一个展示自己创新才能与个性的平台，我们新媒体特举办海报设计大赛。

2. 活动背景

作为信息传播的工具，海报在企业竞争中扮演着重要的角色。图形和文字的巧妙运用、色彩的搭配，使海报成为每个企业的文化展示和知名度宣传的媒介，更点缀着我们的课堂环境。

主办单位：××学院××班

承办单位：跨专业综合实训课程创行空间传媒

3. 参与对象

所有企业及市场监督管理局、税务局、银行和新媒体

4. 参赛作品形式

手绘版

5. 要求

素描、水彩、油画、漫画设计等均可。

参赛作品主题

关于企业的宣传和招聘

所有参赛作品必须是参赛者的原创作品，若发现代替者将取消参赛资格。

报名参赛须按要求分别提供图形文件及作品说明。

6. 参赛流程

（1）报名时间：××××年××月××日上午

报名方式：以企业为单位报至媒体公司

（2）设计海报，提交作品。

（3）比赛当天各组进行现场展示及说明。

（4）通过公众号现场投票，由媒体公司统计选出优秀作品，公布获奖作品。

7. 赛前准备工作

（1）由媒体公司负责对活动进行初步宣传。

（2）制作大赛通知文件。

（3）发放通知。

（4）提前收集作品图片。

8. 比赛时间安排

作品提交时间：××××年××月××日

作品评选时间：××××年××月××日

获奖公布时间：××××年××月××日

9. 评委及评选流程

（1）本着公平性与合理性的原则，本次大赛的评分采取现场公众号投票方式，最终选出一等奖、二等奖、三等奖。

（2）评比规则：每人有两票，每人对每份作品至多只能投一票。

（3）评分标准：

主题突出、富有表现力，占20%。

海报整体美观、协调，占20%。

字体与背景图案有设计感，运用了一定的绘画技巧，颜色搭配和谐，占30%。

创新占30%。

10. 人员安排

活动负责人：××媒体公司

11. 奖项设置

一等奖：课程总分+10（一名）

二等奖：课程总分+5（两名）

三等奖：课程总分+3（三名）

案例分享5-2

媒体公司公众号推文分享

（1）第一天

第一幕：遇见——跨专业实训开始

本次跨专业综合实训时间为本学期的第10周，共计64个课时，指导老师是××教授、×××老师、××老师，参加的班级是××班、××班、××班和××班，约200位同学。

首先由×××老师为我们大家详细地介绍了本次实训课程的整个流程和注意事项，其后由同学们演讲进行以下职位竞选：市场监督管理局局长、税务局局长、银行行长。每位同学上台陈述了自己的竞选原因和竞选优势。经过了激烈又紧张的竞选，环境一和环境二各选出市场监督管理局局长、税务局长、银行行长一名。希望大佬们带领我们建功立业，积累工作经验，走向人生巅峰。

第二幕：注册登记——我太难了

在熟悉了一些基本的理论知识之后，所有同学到老师那里领取自己企业的验证码，进行企业注册。企业组建立之后的第一项活动就是制作属于自己企业的海报。海报代表了各自企业的企业形象与企业精神，所以同学们都十分积极地参与了海报的制作。各司其职又相互配合，忙得不亦乐乎。海报的样式设计也是各具特色、花样百出。让人连连赞叹！

各个企业完成组建后，接着进行了企业注册。在市场监督管理局进行了一系列的培训工作后，各组很快就熟悉了各个流程与操作方法。税务部门和银行部门的同学也耐心地为其他同学提供帮助和讲解。大家顺利地进行了企业注册、税务注册，开设银行临时账户和银行基本账户。

在各组CEO的带领下，大家都圆满完成了今天的工作。明天就要开始试运营了，大家期待吗？你们的头发还够用吗？

（2）第二天

第一幕：会议讲解操作流程

10：20—12：00，老师在实训楼向各个部门的CEO和主要职员进行了详细的讲解。CEO的工作主要是组织机构管理和部门管理，然后对负责原材料采购、贸易和财务的同学进行不同的任务分配，赋予相应的权限，并负责企业内部管理人员和生产工人的搭配和使用。通过老师耐心又细致的讲解，同学们对自己的工作的目标、任务和方法又有了清晰的认知。

第二幕：企业试运营

激动人心的时刻到了！企业到了试运营阶段。在这紧张又兴奋的时刻，每个同学都格外地认真。各个 CEO 带领自己的员工进行分析与规划。忙中有序，稳中不乱，不同的部门和企业开始在制造和销售环节试操作，颇有一番市场运行的盛况。

（3）第三天

第一幕：市场监督管理局局长有话说

市场监督管理局的第一个主要职责是管理各家企业的设立登记，一共有 11 个流程，流程完成之后会给企业发放营业执照，然后企业就可以正式运营了。第二个职责是监管市场不良竞争行为。因为商务决策模拟环境总共分为原材料供应商、制造企业和贸易企业三大类企业，其中竞争最大的是原材料和贸易。制造企业要从原材料供应商那里购买材料才能够生产，而这个价格是由原材料供应商自己制定好的，如果他高估市场价格，制造企业可以向市场监督管理局提起申诉。市场监督管理局受理后，就可以给予原材料供应商相应的惩罚。第三个职责是企业年检。企业每四个季度运营完毕后要向市场监督管理局申情年检，通过后企业才能继续下个流程。以上就是市场监督管理局的主要职责。

第二幕：银行行长有话说

对于企业来说，重要问题就是企业贷款金额的确定。刚开始企业会贷很多款，但很可能第四、第五季度还不上。还有就是我们刚开始，对业务不是很熟悉，在贷款期限和利率方面会有出错，没能及时进行调整，请大家及时提醒和谅解。提醒大家，对企业来说，如果还不上贷款，我们有权力上报工商局执行强制还款，这将会导致企业后续经营困难。

第三幕：税务局局长有话说

企业缴纳税务的总流程分为四步。一是进行税务登记，如果要求开具发票，就会进行发票管理；二是进行纳税申报；三是申报审批；最后，审批过后企业就可以开始缴税了。如果企业对我们的税务操作有争议的话，可以向我们提出税务的行政复议和行政诉讼。

（4）第四天

第一幕：原材料组 CEO 采访实录

记者：目前企业在经营过程中遇到的主要问题是什么？

CEO A：由于计算失误，吞吐量不够，导致第二季度没有出货。导致我们企业在同类企业中排名比较靠后。由于资金运转不开需要向银行贷款。这都需要财务来进行细致的计算。

记者：对于未来有什么规划吗？

CEO A：正式运营前期会亏一点，这样可以让制造企业存活，他们无法存活的话我们上游的交易就断了，也无法存活。未来要掌握好产品研发的进度，和制造企业进度保持一致，以避免他们需要某些材料的时候，我们这边原料供应不上。

第二幕：制造组 CEO 采访实录

记者：目前在经营过程中遇到的主要问题是什么？

CEO B：制造初期可能由于对制作业环节不熟悉，导致工作效率变低，人员安排比较乱，产品制作周期比较长。

记者：公司目前的经营状况怎么样？

CEO B：还好，虽然每个季度都贷款，但是还可以存活。制造初期是不会盈利的，因为需要投入很多，到第四个季度才可以回款，才有足够资金进账。希望企业可以平稳和顺地发展，不破产就可以。

第三幕：新媒体寄语

征战的鼓声已正式敲响，正式的运营也即将展开，一切都是企业人应该努力的样子。焦躁也好、平和也罢，百感交集的大家一起勇敢地继续前进吧。我们在这里祝大家万事胜意，盆钵满金！选“报”开始！

（5）第五天

第一幕：宣布规则

主持人上台讲解海报评选投票规则，环境一、环境二成员分别进行第一轮投票，选出前15名进行拉票，选出一二三等奖结果进行公布。

第二幕：投“报”送票

到了我们期待已久的投票环节，大家都特别积极地评选海报，同时也积极地为本组拉票，这也是他们紧张又劳累的几天里放松的时刻。

第三幕：“报”喜归来

首先由各位CEO上台演讲，说出自己海报的设计理念和主题。经过了两轮精彩的投票环节，评选出了本次海报设计大赛的前15名。可以说是每一幅都设计得精彩绝伦、各有特色，大家一起来欣赏一下获胜的海报吧。

（6）第六天

在各位CEO们为时六天的英明带领下，各组经营势头越来越好，临近尾声，我们来一睹各位CEO认真工作时的英姿。

当然，各组能取得今天的成就，也离不开各位组员的认真努力的配合。他们的努力和汗水不会白费，一个个忙碌的身影都被记录在了镜头之下，认真工作的人最美！

我们可能是第一次相识、第一次合作，但经过这么多天的相处，大家配合得越来越默契。时间很短，但是收获满满。在这短暂而充实的实训课上，很高兴能与你们相遇，一起学习，一起合作。未来的路还很长，且行且珍惜。

2.2 市场监督管理局

在商务决策环境中市场监督管理局是政府部门的行政代表，主要负责核心企业的企业登记、企业年检、市场监管和工商统计等工作，主要目的是对所有核心企业正常经营进行管理，引导核心企业按照市场规律办事，结合自身制订合理的经营决策，保证所有核心企业依法经营，维护整个商业环境的公平、公正和稳定。

2.2.1 企业注册

企业注册是市场监督管理局的主要任务之一。在正式运营之前，所有的制造企业、贸易企业、原材料供应商都要到市场监督管理局进行注册，并取得营业执照。针对注册任务，市场监督管理局不仅要做好注册登记培训，还应定期从企业注册总数、企业类型、完成总数以及在注册过程中出现的问题等方面进行总结，具体可参照表5-4。

表5-4 企业注册情况

企业类型	企业总数	完成工商注册数量	完成度（%）	出现的问题	解决方案	企业注册培训内容
制造企业						
原材料供应商						
贸易企业						

2.2.2 企业年检

企业年检主要目的是要审核已登记的企业是否合法经营，是否具有持续经营的能力，尤其是对注册资本的年检。因为是否有足够的资本是考核企业是否有持续经营能力的一个重要指标。注册资本的年检是对企业注册资本的定期审核，这可在一定程度上防止企业在验资通过后，再抽逃资金，这远比对企业时点资金的验资要可靠的多，这也是为什么要进行年检的目的之一。在整个实训过程中，对于一年一次年检工作，市场监督管理局应给出年检报告的具体填写规范，以供企业参考，并对企业的实际经营情况进行审查。在实训总结中，市场监督管理局需要对每一年的年检情况进行总结，具体包括年检企业总数、企业类型、年检过程中出现的问题及解决方法等，具体可参照表5-5。

表5-5 年检情况

企业类型	企业总数	完成工商年检数量	完成度（%）	出现的问题	解决方案	企业年检培训内容
制造企业						
原材料供应商						
贸易企业						

2.2.3 市场监管

市场监管是市场监督管理局的主要职能之一。实训过程中，市场监督管理局要受理企业投诉、处理企业投诉，并对每季度的投诉内容及解决方案、投诉总笔数进行汇总，还要安排每个阶段的监管工作重点、查找薄弱环节、制订监管政策等。对于在企业经营过程中的异常情况，市场监督管理局要下到企业进行巡查，查看企业是否有违规操作，并根据调查结果采取一定的处罚措施，具体可参照表5-6。

表5-6 市场监管总结

企业类型	企业总数	投诉数量	占比（%）	投诉内容	解决方案	工作重点	薄弱环节	市场巡查	政策制订
制造企业									
原材料供应商									
贸易企业									
合计									

2.2.4 工商统计

工商统计是实现市场监督管理局对所有核心企业进行经营指导的重要手段。由于商务决策环境中最终市场的商品需求量由上一季度所有制造企业的生产量决定，为了尽可能保证最终商品市场上供需平衡，就需要市场监督管理局在本季度统计所有制造企业的生产量，从而确定下一季度的市场需求量。核心企业再结合市场变动趋势就可以制订相对合理的经营决策，从而避免重大失误。结合商务决策环境各项规则，我们知道，制造企业可以把产品卖给贸易企业，还可以把产品直接卖给最终市场；也可以贸易企业向制造企业收购产品，再把产品直接卖给最终市场。因此，在进行工商统计时，既要统计制造企业的产量和制造企业的订单量，也要统计贸易企业的订单量和贸易企业的销售量。制造企业的产量就相当于最终市场的供给量，制造企业的订单量和贸易企业的订单量之和就相当于最终市场的需求量，原则上两者应该相等，这时表明核心企业的经营决策合理正确。如果某种产品出现供给大于需求，制造企业就要调整思路，改变生产决策方向；如果供给小于需求，贸易企业就要调整思路，改变采购决策方向。

案例分享 5-3

统计工作案例

为了更好地展示工商统计的效果，我们把一次实训过程中部分市场供需表统计情况展示出来，如图 5-2 至图 5-6 所示。

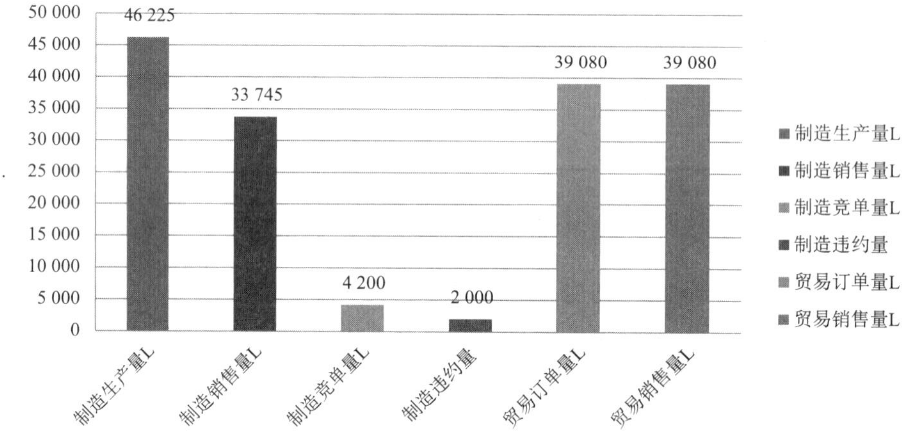

图 5-2　环境 1 第二季度 L 产品市场供需表

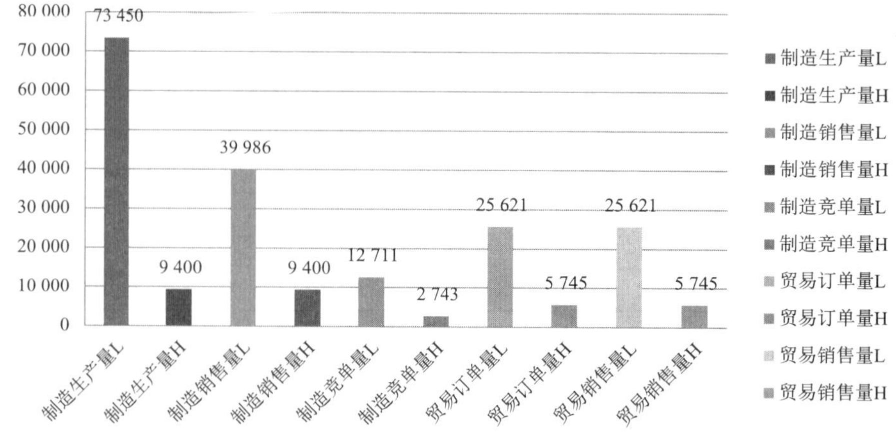

图 5-3　环境 1 第三季度 L、H 产品市场供需表

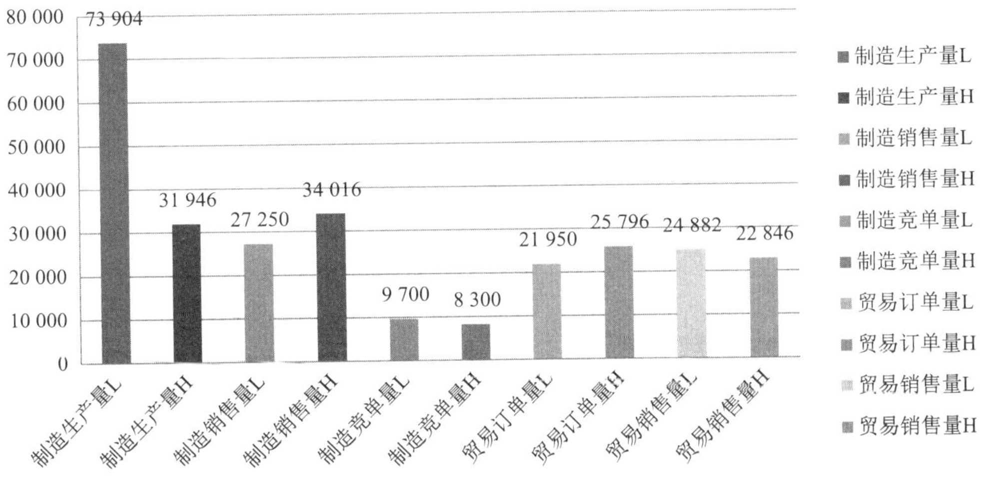

图 5－4　环境 1 第四季度 L、H 产品市场供需表

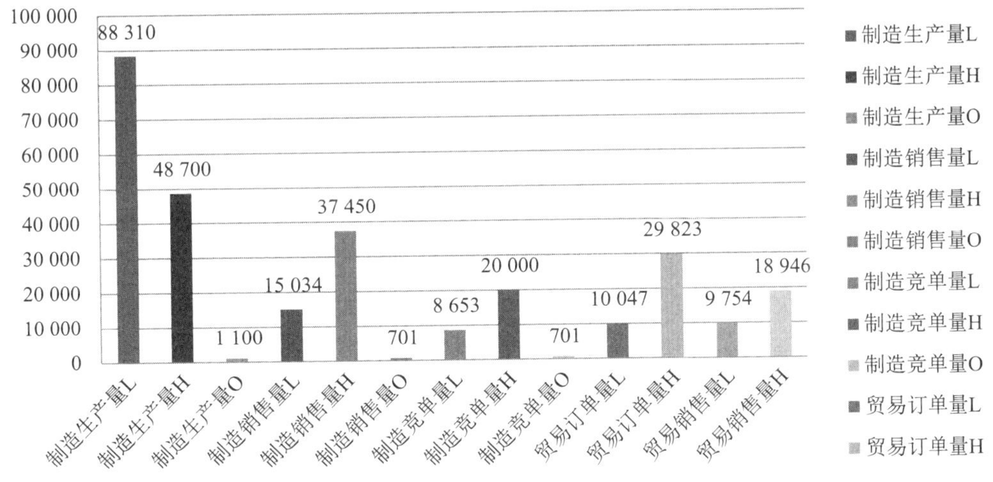

图 5－5　环境 1 第五季度 L、H、O 产品市场供需表

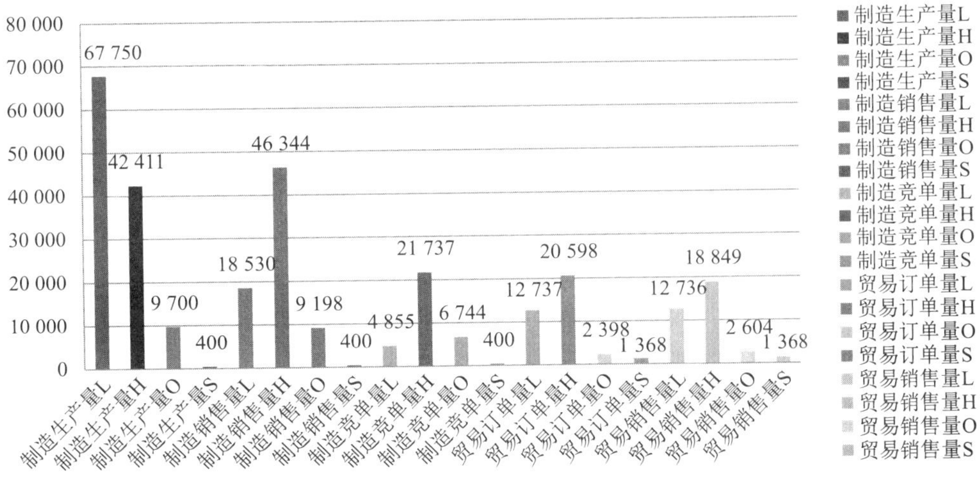

图 5－6　环境 1 第六季度 L、H、O、S 产品市场供需表

2.3 税务局

税务局作为政府部门的税务代表，是重要的外围服务机构之一，主要目的是维护国家的税收利益不受侵犯，严格按照各项税收政策进行征收。税务局服务于所有企业，其实训任务繁重、琐碎，根据其在实训中的具体任务，可以从以下几个方面进行总结。

2.3.1 税务登记

税务登记是整个税收征收管理的起点，是税务局的主要职责之一。企业完成工商注册之后，所有的制造企业、贸易企业、原材料供应商都要到税务局进行登记。税务局应做好税务登记培训，并从统计企业税务登记总数、企业类型、完成总数，处理税务登记过程中出现的问题等方面进行总结，具体可参照表 5－7。

表 5－7 企业税务登记情况

企业类型	企业总数	完成税务登记数量	完成度（%）	出现的问题	解决方案	税务登记培训内容
制造企业						
原材料供应商						
贸易企业						

2.3.2 报表审核

财务报表的核对是对企业财务状况、经营成果和现金流量的结构性表述，找出企业经营问题所在。每个季度税务局都要审核所有企业纸质版的财务报表，包括利润表、资产负债表。首先，税务局应出台财务报表的填写规范，以供企业填制财务报表时参考；其次，税务局应对企业的财务人员进行岗前培训，尽可能地避免企业在报表填写时发生各种错误。在总结时，税务局要对这两项工作进行汇报，例如财务报表范本、财务报表的填制错误总结及解决方案，对财务人员的培训期数及内容等。具体可参照表 5－8。

表 5－8 企业报表审核情况

企业类型	报表出现的问题	解决方案	财务人员培训内容
制造企业			
原材料供应商			
贸易企业			

2.3.3 纳税申报

企业按照税法规定的期限和内容向税务机关提交有关纳税事项的书面申报，是企业履行纳税义务、承担法律责任的主要依据，是税务机关税收管理信息的主要来源和税务管理的一项重要制度。因此，纳税申报是税务局的主要任务之一。在实训过程中，税务局应提前出台纳税申报的相关政策及要求，包括表格填写内容及规范，申报流程等。为了使企业更好、更完整地填写增值税和所得税申报表，需要对所有企业的财务人员进行纳税申报培训及辅导，解决企业在申报过程中遇到的问题。每季度纳税申报结束后，还应对本季度纳税申报的企业类型、企业纳税申报数量、完成度以及在纳税申报过程中出现的问题等方面进行总结，具体可参照表5-9。

表5-9 企业纳税申报情况

企业类型	纳税申报企业数量	完成度（%）	相关政策	培训内容	出现的问题	解决方案
制造企业						
原材料供应商						
贸易企业						

2.3.4 税收缴纳

税收缴纳是企业向国家税务机构交纳税款的行为和过程。在实训中，税收包括增值税、企业所得税和附加税。针对税收缴纳情况应进行详细的统计分析，按照要求每四个季度完成一次税务缴纳。税务局要确定每个企业的应缴税额，并督促企业及时缴纳，为后期企业经营成果排名做准备。企业经营成果排名是同类型进行排名，也就是原材料供应商、制造企业、贸易企业分别排名，这样才有可比性。这是因为原材料供应商属于供应链的初加工阶段，属于低附加值区间，在商务决策系统中我们也可以发现，原材料供应商的毛利润相对比较少，属于典型以规模取胜的企业经营范畴；制造企业属于供应链的最终加工阶段，属于中附加值区间，在商务决策系统中我们也可以发现，制造企业的毛利润相对比较高，属于典型以技术取胜的企业经营范畴；而贸易企业属于供应链的终端，属于高附加值区间，在商务决策系统中我们也可以发现，贸易企业的毛利润相对很高，属于典型以广告取胜的企业经营范畴。

案例分享5-4

企业经营成果排名

在本实训课程中，实训总成绩=70%×企业所有者权益+30%×缴税总额。其中，缴税总额是衡量企业经营优、劣的重要指标之一。我们将某次实训的总成绩统计如表5-10所示。

表5-10 企业经营成果排名

企业编号	企业名称	企业所有者权益（元）	应缴税总额（元）	总成绩	排名
制造1	郑州伯伦科技有限公司	70 800 580.68	41 311 295	61 953 794.99	8
制造2	华达科技有限责任公司	90 101 720.74	53 428 499	79 099 754.17	3
制造3	天萌有限责任公司	81 079 905.62	55 836 939	73 507 015.58	5

续表

企业编号	企业名称	企业所有者权益（元）	应缴税总额（元）	总成绩	排名
制造 4	玺美彩妆有限责任公司	32 010 306. 26	16 257 148	27 284 358. 68	14
制造 5	雷神科技有限公司	133 693 955. 64	79 827 064. 13	112 147 199. 04	1
制造 6	思创有限责任公司	59 391 407. 40	70 111 734. 95	63 679 538. 42	6
制造 7	雷诺科技有限责任公司	48 996 933. 42	26 244 602. 33	39 896 000. 98	12
制造 8	河南胜华制造有限责任公司	50 478 407. 75	25 416 633. 95	40 453 698. 23	11
制造 9	鲨鱼股份有限公司	49 239 954. 60	28 009 094. 29	40 747 610. 48	10
制造 11	郑州网意科技有限公司	54 501 804. 84	29 908 451. 33	44 664 463. 44	9
制造 12	阿狸七七有限责任公司	45 609 758. 68	26 334 697. 87	37 899 734. 36	13
制造 13	麦辉有限责任公司	71 460 228. 67	44 575 570. 40	60 706 365. 36	7
制造 14	郑州华星科技有限公司	71 745 187. 44	70 663 845. 64	71 312 650. 72	4
制造 15	库奇集团有限责任公司	104 443 325. 07	91 003 096. 04	99 067 233. 46	2
贸易 1	郑州星际贸易有限公司	116 676 985. 50	73 942 730. 75	99 583 283. 60	1
贸易 2	银羽贸易股份有限公司	87 619 265. 90	50 700 030. 88	72 851 571. 89	3
贸易 3	远洋贸易有限责任公司	97 299 143. 84	52 416 811. 18	79 346 210. 78	2
原料 1	河南万有供应有限责任公司	60 326 042. 43	62 146 129. 75	61 054 077. 36	2
原料 2	黑贝原材料股份有限公司	62 630 947. 55	38 042 437. 10	52 795 543. 37	3
原料 3	百宝有限责任公司	41 319 475. 24	27 738 250. 49	35 886 985. 34	4
原料 4	荣耀股份有限责任公司	73 414 044. 98	47 305 788. 63	62 970 742. 44	1

2.4 商业银行

商业银行是通过存款、贷款、汇兑、储蓄等业务，承担信用中介的金融机构，其主要的业务范围是吸收公众存款、发放贷款以及办理票据贴现等。在实训中，商业银行的主要任务是企业银行账户开立、管理企业银行账户、给企业发放贷款，给核心企业提供资金支持，帮助其快速发展。其具体总结要求如下。

2.4.1 开户业务

在完成工商注册、税务登记之后，企业要开立银行账号。企业的银行账户类型分为银行基本户、银行一般户与银行临时户，在实训过程中，开户仅需要银行临时账户开立和银行基本账户开立。针对此项任务，商业银行应对企业类型、处理企业开户总数、完成总数以及在银行开户过程中出现的问题等方面进行总结，具体可参照表 5－11。

表5－11　　企业银行开户情况

企业类型	企业总数	完成开户数量	完成度（%）	出现的问题	解决方案	企业开户业务培训
制造企业						
原材料供应商						
贸易企业						

2.4.2　贷款业务

贷款业务是银行的主要业务之一，在实训中贯穿始终。所有核心企业在遇到资金困难时，都可以到银行申请贷款以解决资金困难的问题。因贷款手续繁杂、资料繁多，因此商业银行应对贷款的申请流程、所需材料、表格填写规范、贷款额度等出台相应的指导意见，并提前对企业的财务人员进行岗前培训，以免出错造成不可挽回的损失。在贷款过程中，商业银行要对企业的贷款资格进行严格的审核，并正常发放贷款。在总结汇报时，应对每季度银行处理贷款业务的总笔数、贷款总金额、不良贷款占比、各类企业贷款情况等进行统计分析，如表5－12所示。

表5－12　　企业银行贷款情况

企业类型	贷款总笔数	贷款总金额（元）	贷款占比（%）	不良贷款率（%）	出现的问题	解决方案	企业贷款业务培训
制造企业							
原材料供应商							
贸易企业							
总量							

案例分享5－5

银行工作实例

为了更好地展示商业银行工作的成果，我们把一次实训过程中的贷款情况统计出来，如图5－7、图5－8所示。

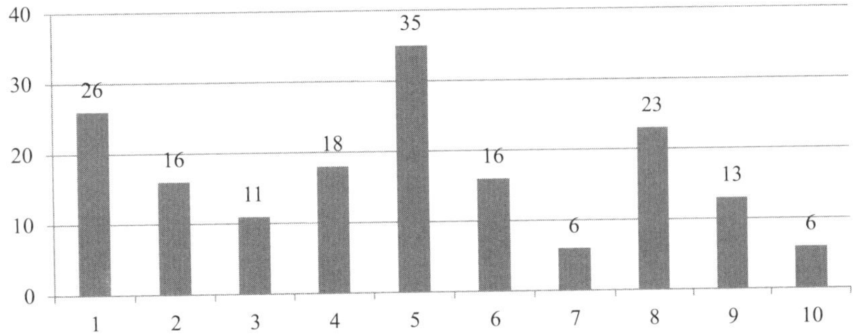

图5－7　各季度贷款总笔数

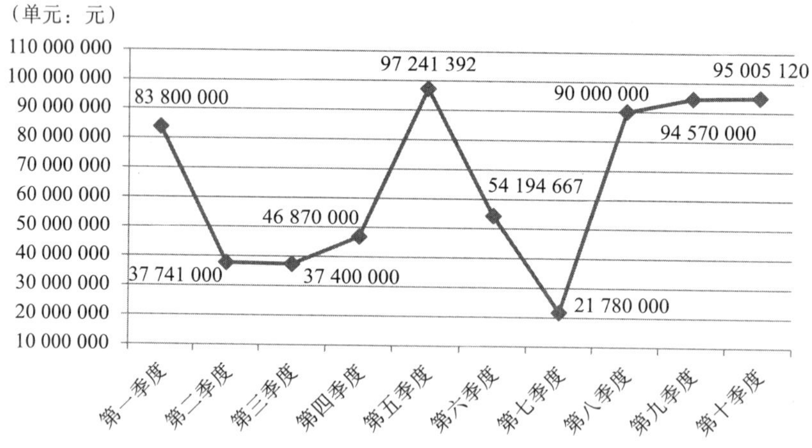

图 5－8 各季度贷款总额

从这个贷款统计数据及该实训实际情况，我们可以看出，贷款金额越多的企业发展越好，贷款的高峰期也是企业的快速发展期。这说明了商业银行在企业的经营过程中起到了重要的资金支持作用。哪家企业能够充分利用贷款规则，快速实现资金的顺利周转就会更好地实现企业自身的稳定发展。针对贷款金额较小的企业，商业银行会进行调查，探究原因。对不懂贷款规则的企业，商业银行进行讲解，有实际经营困难的商业银行将采取相对优惠的政策鼓励他们贷款，积极壮大、发展企业。商业银行的业务至关重要，商业银行运作的好能极大地促进整个商业环境的健康稳定发展。

任务 3 核心企业总结

核心企业是整个实训课程的核心。原材料供应商处于整个供应链的上游，为制造企业提供其生产必备的原材料，没有原材料供应商，制造企业就无法正常的生产。制造企业是专门从事产品的研发、生产、销售的一类核心企业，其职能部门齐全、产品数量最多，在整个实训课程处于核心地位，是“核心中的核心”。贸易企业主要从事货物的交易，即从制造企业购入产品，再通过自己的努力向市场上销售，贸易企业不从事具体生产。虽然三类核心企业在供应链上所处的地位不同，有其自身独特的运营特点，但作为可独立运营的个体，不同类型企业也存在很多共同点。对于核心企业的总结，可以从岗位层面、企业层面、商务环境层面三个方面来进行。

3.1 岗位层面总结

3.1.1 CEO

CEO 即首席执行官，在企业内部拥有最终的管理决策权，是企业的掌舵人。CEO 对企业的一切重大经营运作事项进行决策，包括对财务运作、经营方向、业务范围的增减、企业战略制订等。CEO负责高层管理者的人员招聘、解雇和团队建设管理工作；定期向董事会报告业务情况，并根据市场变化，不断调整企业的经营方向，重大调整方案须报批准；还要为企业经营绩效的好坏负责。因此CEO的实训总结可以从以下几个方面进行。

（1）工作概况。实训结束后，本企业在同类型企业经营结果排名中处于第几名？资产有哪些？人员有哪些？存款多少？负债多少？如表5-13所示。并应从CEO的工作角度来分析实训结果——在实训过程中哪些做对了？哪些做错了？带来什么结果？通过对工作的总结与分析，进行自我反省，找出成功和失败的原因并总结经验教训、查缺补漏，不断提升自身的知识和能力。总结表格具体可参考表5-14。

表5-13　企业状态对比

企业初始状态	运营10个季度后状态		原因分析
本企业注册资本________万元。	三大科目	详情	
	总资产（　　）万元		
	总负债（　　）万元		
	所有者权益（　　）万元		

表5-14　CEO工作分析

项目	概况
实训排名	本企业在实训中最终排名第________名，最终净利润________万元。
经营成功之处	
经营失败之处	
CEO工作分析	

（2）人员任命。实训课程中，不同类型的企业人员组成不同。其中制造企业设置了CEO、财务主管、销售主管、生产主管、采购主管5个岗位，贸易企业设置了CEO、财务主管、销售主管3个岗位，原材料供应商设置了CEO、财务主管、销售主管、生产主管4个岗位。

以制造企业为例，整个企业部门较多，每个部分都应有专人负责，除了CEO是由竞聘得来，其他岗位如生产主管、财务主管、市场主管、采购主管等都由CEO在招聘会上招聘并任命。在总结汇报中，CEO根据本企业情况应详细阐明人员任命情况及理由等，可参考表5-15所示。

表5-15　人员任命

岗位	任命人员（姓名）	任命理由（具体的素质、技能等条件）	备注
生产主管			
财务主管			
销售主管			
采购主管			

（3）企业战略。战略是定位和聚焦思想的外化，对企业发展起到指导方向和规范运

作的作用。企业战略不是一成不变的，它是一个不断调整、不断适应外部环境的过程。如果运营中间出现了意外，应对企业战略进行调整。对于任何一个企业，企业战略都是至关重要的。方向制定的重要性远远大于执行。企业要根据自身所处的内外部环境及变化，依据自身所具有的资源和实力选择适合自身的经营领域和产品类型，从而形成自己的核心竞争力，并通过差异化战略在竞争中取胜。

企业战略和目标由 CEO 制订。企业战略一般包括生产战略、融资战略、市场战略、采购战略、发展战略等。在实训过程中，要根据实际运营情况对制定的战略进行相应的调整，在总结汇报中应阐明本企业的具体战略及其调整详情。总结表格可以如表 5 - 16 所示。

表 5 - 16　　企业战略及调整

发展阶段	发展战略及调整	融资战略及调整	市场战略及调整	生产战略及调整	采购战略及调整
初创期 （1—4 季度）					
成长期 （5—7 季度）					
成熟期 （8—10 季度）					

（4）团队管理。团队管理指在一个组织中，根据成员工作性质、成员各自的能力组成各种类型的小组，参与组织各项决定、解决问题事务，以提高组织生产力、达成组织目标。CEO 是团队的组织者和管理者，从 CEO 角度来讲，团队管理是其职责的重要组成部分，其管理的好坏对企业最后的经营成果有很大的影响。CEO 应从团队管理目标、实施过程、实施效果及改进等方面进行总结归纳，具体如表 5 - 17 所示。

表 5 - 17　　团队管理

管理目标	
实施过程	
实施效果	
需改进之处	

延伸阅读 5 - 2

团队管理的七个要点

一个企业想要得到更好的发展，人是主要因素。但单靠某一个人并不能实现企业的发展，而是需要整个团队，才可以实现企业的伟大理想抱负。所以，管理好团队是企业发展关键的第一步。

1. 保持良好的沟通

管理好团队最重要的是要学会沟通。管理者应该主动与员工保持良好的沟通，并告知他们组织内部的事情。另外，管理者也要鼓励员工进行反馈，这样才能了解员工心里的想法，有助于更好地管理团队。

2. 营造积极的氛围

人的情绪是会传递的，作为一个团队，如果某个人不作为，那其他人的心里慢慢地也会产生不满。渐渐的，消极负面的情绪就会影响整个团队。所以管理团队，营造一个积极向上的工作氛围很重要。

3. 将工作委派给合适的人

团队里的每个员工的工作技能都略有不同，作为一个管理者，应该拥有洞察的本领，能全面评估每个人的工作能力，将合适的工作安排给合适的人，最大限度地发挥每个人的潜力，这对团队的生产力会产生重大影响。

4. 差异化管理员工

团队里的不同成员有不同的个性，因而管理者需要具备有多样化的管理风格。最好能使用赏罚分明的方式，用奖励的方式激励每个员工奋进，用惩罚的方式阻止团队成员犯错误，使管理更加有效、更加科学。

5. 树立榜样，以身作则

人大多都是孤傲的，大多数人不大喜欢领导或者同事所谓的教育。所以，要管理好团队，管理者先要提高自身的工作技能，树立榜样，让团队成员觉得领导很厉害，从而虚心主动地寻求指导与帮助，这样，会比领导自己直接管理团队要有效得多。

6. 注重技能培训

工作的目的除了获取物质需求外，更多的还是希望能在工作过程中学习到更多的技能与知识。所以，员工更愿意留在能给他们提供培训技能，能学习到更多专业知识的团队里。因此，管理团队时应该注重员工的技能培训。

7. 借助系统软件工具

团队之间的协作问题一直都存在。在本商务决策系统中，统一在系统上分配任务，实现监督、管理等。管理者应实时了解整个团队协作情况及工作进度，避免了团队出现推诿、扯皮等现象。

总而言之，随着企业的不断发展，很多工作仅靠个人是难以完成的，必须有赖于团队合作才能发挥力量。但团队成员的能力、专业、阅历和个性不同，团队管理在进行人性化管理的基础上，还可以借助现代软件协助管理。

3.1.2 市场主管

（1）市场需求分析。市场需求分析是企业产品销售的关键，抓住了市场，满足了市场消费者的需求，才能够完成产品的销售。因此，在实训过程中，企业需要对各种产品的市场需求量和需求趋势进行分析，要了解各类产品的市场占有率和竞争对手的市场占有情况等，如表5-18所示，并从中判断产品是供需平衡还是供大于需，还是需大于供。对于制造企业而言，经过市场需求分析才能决定企业生产经营决策，包括合理安排生产、进行市场竞争、平衡产销等。对于主要从事商品销售的贸易企业而言，更要时刻关注市场需求，市场需求预测是市场主管最重要的工作之一，也是最复杂的一部分。原材料供应商作为供应链的起点，其研究的应该是生产企业的原材料需求情况。

表 5-18 市场需求分析

产品类型	需求情况分析	主要竞争对手	应对策略

（2）市场开拓。市场是企业关注的重点。产品销售离不开市场，只有不断扩大市场，企业销售才能取得长足的进步。尤其是贸易企业，占有的市场数量越多，竞单机会就越多。受困于资金时，选择哪几个市场很关键。对于实训中的 7 个市场，具体开拓哪个市场以及市场的开拓顺序、市场开拓的投入等都应有其选择依据。因此，在实训总结汇报中市场主管要说明其决策的原因，具体如表 5-19 所示，包含市场的开拓时间、开拓方式、广告投入金额、原因分析等。

表 5-19 市场开拓情况

产品类型	开拓时间	开拓方式	广告投入	原因分析

3.1.3 销售主管

（1）获取订单。市场竞单是企业在市场上通过不断出价，最终评分最高者中单。制造企业和贸易企业都可以在市场上通过市场竞单来签订合同，实现产品销售。尤其对于贸易企业来说，市场竞单是其产品销售的唯一途径。在市场竞单开始之前，企业需要确定各类产品的竞单底价，即企业自身能接受的最低价格；各类产品的最大销售量，即根据企业自身的货物数量来确定最多能拿多少订单，如果超过这个数量则企业就要面临违约；对于竞单的市场的选择，应根据之前的市场需求预测，决定企业在哪个市场上竞单更具有优势。具体如表 5-20 所示。

表 5-20 市场竞单

产品类型	竞单底价	订单情况	所属市场	决策分析
L				
H				
O				
S				

（2）市场销售分析。销售分析即销售数据分析，主要通过销售额、销售价格、产品毛利、销售收入结构分析等指标来进行分析。在实训中，销售是各类企业唯一的收入来源，如果企业没有销售收入，那么离企业破产也就不远了。图 5－9 是某制造企业每季度的销售额及其变化趋势图。制造企业通过对图上数据及趋势来分析其销售情况，对于销售额的波动进行原因分析。另外，销售主管应对企业的销售情况进行分析，如本季度产品销量、销售单价、本季度所有产品销售额总和、各类型产品销售额占销售总额之比、产品毛利与净利等进行分析，对每类产品的销售情况做到心中有数（见表 5－21）。

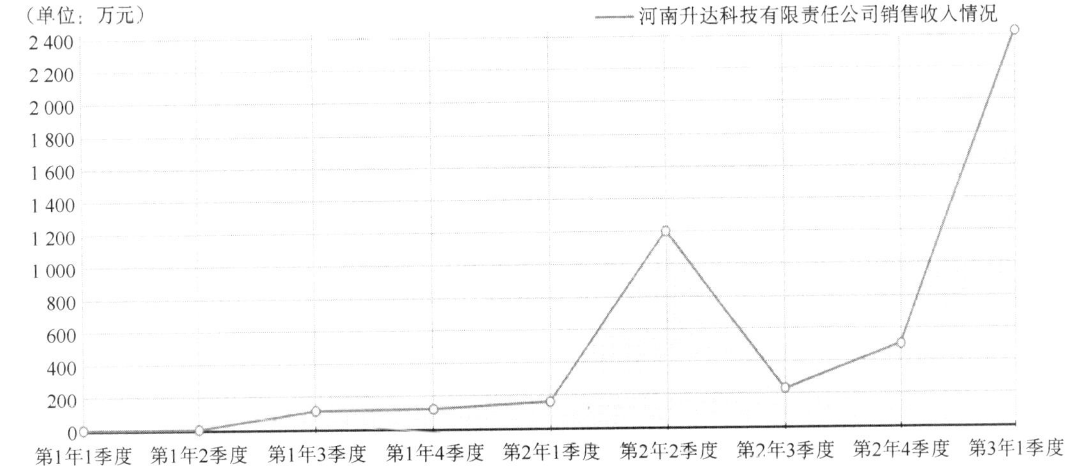

图 5－9　销售总额

表 5－21　销售情况分析

时间	产品类型	销量	单价（元）	总金额（万元）	占比（%）	是否违约	产品盈利分析
初创期（1—4 季度）							
成长期（5—7 季度）							
成熟期（8－10 季度）							

3.1.4　研发主管

产品研发是企业改进老产品或研发新产品，使其具有某方面的改进，从而来适应消费者不断变化的需求。产品研发能够为企业带来收益和利润，使企业一直保持市场的竞争优势。因而对于制造企业与原材料供应商，产品研发是其重要工作之一。研发主管的主要任务是进行新产品的研发。在实训过程中，如果某季度的产品研发失败，势必会使本企业的产品生产、销售都晚于其他企业，进而削弱自身竞争力。实训中，制造企业共有 L、H、O、S 四种产品，每种产品又分 A 型和 B 型。原材料供应商所生产的产成品有 3 种，分别是 M1、M2、M3，每种产品同样也分为 A 型和 B 型。原材料供应商的产品研发与制造企业产品研发要相互匹配，以免出现制造企业所需原材料供应不上的问题。因此，在总结汇报中应针对自身在实训中的产品研发情况进行分析，归纳总结成功或失败的原因，具体如表 5－22 所示。

表 5－22　　产品研发分析

产品研发顺序	实际投入资金	实际投入人员	成功或失败	决策分析

3.1.5　生产主管

产品生产是生产部的核心业务，在总结汇报中应对整个实训过程中 10 个季度的生产线安排进行汇总，包括生产线的产量、生产的产品等，如表 5－23 所示，并说明这样安排的原因，产量变化原因等。在每季度，应对产品的直接成本进行分析并关注不同产品的盈利情况。

表 5－23　　生产情况

发展阶段	生产线生产												产品单件成本及盈利分析
	劳动密集型			半自动			全自动			柔性			
	条数	产品类型	产量	条数	产品类型	产量	条数	产品类型	产量	条数	产品类型	产量	
初创期													
成长期													
成熟期													

因为生产线的频繁生产，因此生产线的磨损、维修、升级就变得相当关键，所以在按季度绩效总结时应对这部分内容进行详细的总结与汇报，具体可以从这几个方面入手（见表 5－24）：所用的某条生产线磨损情况，是否维修或升级，本条生产线的产能是多少。

表5-24 生产线操作

生产线	磨损情况	维修情况	升级情况	产能

3.1.6 采购主管

采购从源头上决定了企业的产品质量。采购部门不是成本中心，而是企业真正的利润中心之一。采购作为企业的生命源泉，保障了生产的顺畅，同时保障了产品的质量。在实训中，制造企业通过向原材料供应商采购所需的M1、M2、M3来满足自己的需求。贸易企业向制造企业采购其产成品来向市场销售，从而获取利润。而原材料供应商其生产也离不开原材料M4、M5。在采购过程中，有多家合作伙伴可供选择，要想买到价低质优的产品，采购主管要具有很强的沟通、谈判能力。怎样运用这种能力来实现目标，确定本企业采购时能接受的最高价格、确定所需采购的产品类型及数量，等都需在总结汇报中有所体现。原材料采购表可参考表5-25。

表5-25 原材料采购

发展阶段	原材料类型	数量（个）	价格（元）	合作伙伴	决策分析
初创期					
成长期					
成熟期					

3.1.7 财务主管

企业财务管理的是企业再生产过程中的资金运动，体现着企业和各方面的经济关系。财务分析是以会计核算和报表资料及其他相关资料为依据，采用一系列专门的分析技术和方法，对企业等经济组织过去和现在有关筹资活动、经营活动、盈利能力等进行分析与评价的经济管理活动。财务分析要立足于财务报表、财务资料，从财务角度进行分析，并提出合理化建议。对于自己实训过程中的财务状况可以进行如下分析：如图5-10所示，通过营业收入、总资产、总负债、税前利润、净利润、所有者权益等财务指标的分析，全方位地归纳总结企业的财务状况。

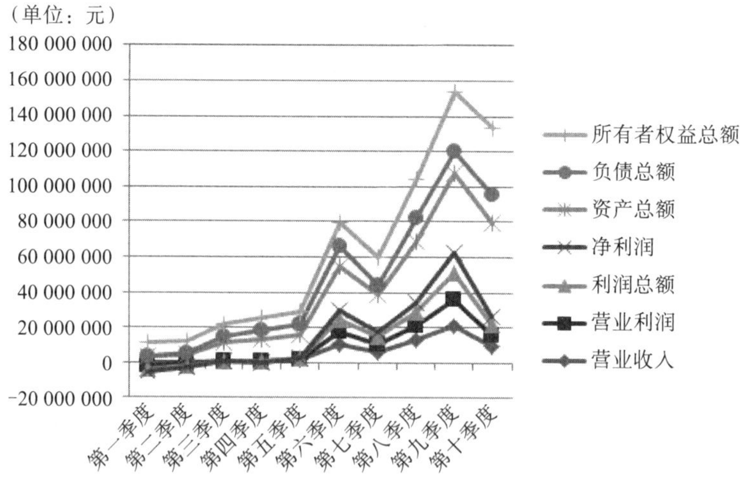

图 5－10 财务指标分析

3.1.8 其他

还有一些比较重要的决策不属于上述岗位职责，但在整个实训过程中也很重要，要求在实训总结中有所体现。例如仓库吞吐量。

对于核心企业来说，无论是原材料还是产成品，无论是入库还是出库，都要消耗仓库的吞吐量。如果吞吐量不够，则产品入不了库或出不了库，导致企业生产无法进行或无法交单。因此，规划好吞吐量，使所有仓库的货物能进能出也是一项重要的任务。在实训总结时，对于仓库的使用情况，如所存货物的种类、仓库容量、吞吐量应进行简单分析，若出现因吞吐量不够而导致产品或原材料无法入库、出库的情况，应进行原因分析，并对后续的改进措施进行总结归纳。具体分析模板可以参照表 5－26。

表 5－26 仓库使用情况

仓库编号	所存货物	仓库容量	仓库吞吐量	无法入库、出库情况及原因分析	改进措施

3.2 企业层面

职能部门是根据专业化分工，具体负责某一方面事务的部门，比如生产、财务、销售等。企业是一个有机整体，企业内部各职能部门共同运作才能保证企业正常运营。企业的 CEO 是企业的舵手，需要综合各种因素根据企业的长期发展规划把握企业全局，制订企业宏观的发展目标和运营目标：企业的采购部采购各种原材料，给企业其他部门输送其所需的生产原料、办公用品等，没有采购部门，其他部门所需的物资就无法得到保障；生产部将采购部提供的原材料进行加工处理变成产成品，这是一个价值增值的环节；销售部负责把生产部门的产成品销售出去，只有实现了销售，企业才能有利可图，销售是企业收入的主要来源；财务部的各项财务指标能够显示企业的经营状况、资产、负债等情况，通过分析财务指标可对经营情况有最直接的把握。因此，一个完整、高效的企业离不开企业内部各部门之间的相互沟通和协调。企业营业的成败和企业内部沟通与协调存在着千丝万缕的联系。企业管理中，若部门与部门之间的沟通协调失衡，势必会给整个企业带来很大的不利影响。在本实训中，从企业层面，部门与部门之间的沟通与协作可以从以下几个方面进行。

3.2.1 研发部与生产部的协作

研发部是企业的核心部门，肩负着研制、开发新产品，完善产品功能的任务。研发部要在充分市场调研的基础上搜集与整理产品信息，进行新产品设计与研发。产品研发是制造企业的生存根本。一个企业如果没有产品研发，只是一个纯代理制造空盒的话，利润将非常低，而且生存空间非常小。在本实训中，研发部的工作直接影响企业生产部的生产，新产品只有在研发部研发成功之后，生产部才能投入新产品的生产。如果产品研发落后于其他企业，那么企业生产的产品在市场的竞争力将大大减弱。因此，研发部的产品研发要超前于生产部的生产，生产部的生产应与企业的产品研发相匹配。另外，研发部每次产品的工艺改进，都可以使生产成本有相应的降低。两部门的协作关系整理模板如表 5－27 所示。

表 5－27 研发部与生产部的协作

研发部		生产部		
研发产品类型	研发成功时间	获得生产资格	最早生产时间	产品成本影响（元）

3.2.2 生产部与采购部的协作

采购部在企业中负责供应商的评审、选择和物料的及时采购。原材料的质量也直接影响到产成品的质量。对于生产部来说，生产计划排出后，要使顺利运行，物料供应必须跟上。采购部在采购物料时要求遵循“同等条件看质量，同等质量看价格，同等价格看信誉，同等信誉看远近”的比价核价原则。在实训中，生产部根据生产计划向采购部申请物料采购，由采购部向企业上游的供应商进行采购，采购与生产应相匹配。例如，生产部预计生产 L_A500 件，根据产品 BOM 单，M1 需要 1 000 件，则生产部需向采购部申请 1 000 件 M1 原料。采购部收到申请后，安排从本企业的合作的供应商进行按时按量的采购。两部门的协作关系整理模板如表 5－28 所示。

表 5－28 生产部与采购部的协作

生产部			采购部		
生产计划	所需原料类型	所需原料数量	采购类型	采购数量（个）	采购单价（元）

延伸阅读 5－3

JIT 采购

JIT 采购又称为准时化采购，它是由准时化生产（Just In Time）管理思想演变而来的。它的基本思想是将合适的产品以合适的数量和合适的价格，在合适的时间送达到合适的地点。它不但能够最好地满足用户需要，而且可以最大限度地消除库存和浪费。

JIT 采购使企业实现了需要什么物资就能供给什么样的物资，什么时间要就能什么时间供应，需要多少就能供给多少。从而使原材料和外购件库存降到最低水平。从这个意义上讲，JIT 采购最能适应市场需求变化，使企业能够具有真正的柔性。

一般来说，实施 JIT 采购，可以使购买的原材料和外购件的质量提高 2—3 倍。而且，原材料和外购件质量的提高，又会引致质量成本的降低。据估计，推行 JIT 采购可使质量成本减少 26%—30%。

由于供应商和制造商的长期密切合作以及内部规模效益，再加上消除了采购过程中的一些浪费，就使得购买的原材料和外购件的价格得以降低。以美国施乐公司为例，通过实施 JIT 采购策略，使其采购物资的成本下降了 40%—50%，取得了显著的经济效益。

另外，准时化采购供选择的供应商较少，合作关系稳固、物料质量较稳定；在供应商评价方面，准时化采购对合同履行能力、生产设计能力、物料配送能力、产品研发能力等进行综合评价；在交货方式上，传统采购由采购商安排、按合同交货；准时化采购由供应商安排，确保交货准时性；在到货检查与信息交流上，传统采购每次到货检查信息不对称，易导致暗箱操作，而准时化采购质量有保障，无需检查，采供双方高度共享准时实时信息，易建立信任；在采购批量与运输上，传统采购大批量采购，配送频率低，运输次数相对少，而准时化采购小批量采购、频率高、运输次数多。

延伸阅读 5－4

供应商的选择

供应商隶属于供应链这一个开放的系统，因而供应商的选择也会受到经济、政治和其他因素的影响。选择供应商时，可以从以下五点因素考虑。

1. 产品质量因素

质量是供应链的生存之本，产品的使用价值是以产品质量为基础的，它决定了最终消费品的质量，影响着产品的市场竞争力和占有率。因此，质量是选择供应商的一个重要因素。

2. 供应物资价格因素

价格低，意味着企业可以降低其生产经营的成本，对企业提高竞争力和增加利润有着明显的作用，是选择供应商的重要因素。但是价格最低的供应商不一定就是最合适的，还需要考虑产品质量、交货时间以及运输费用等诸多因素。

3. 交货的准时性因素

能否按约定时间和地点将产品准时运达直接影响企业生产和供应活动的连续性，也会影响各级供应链的库存水平，继而影响企业对市场的反应速度，打断生产商的生产计划和销售商的销售计划。

4. 品种柔性因素

要想在激烈的竞争中生存和发展，企业生产的产品必须多样化，以适应消费者的需求，达到占有市场和获取利润的目的。而产品的多样化是以供应商的品种柔性为基础的，它决定了消费品的种类。

5. 其他因素影响

其他因素包括设计能力、特殊工艺能力、整体服务水平、项目管理能力等。

3.2.3 市场部与销售部的协作

企业的营销组织一般由市场部和销售部组成。市场部是一个企业中营销组织架构的重要组成部分，通常包含产品市场部、市场开发部、市场宣传部和销售支持部，在企业中具有巨大的作用。按职能划分，市场部负责拉近产品与消费者的心理距离，销售部负责拉近产品与消费者的物理距离。在实训中，销售部负责将产品在市场上销售，但只有市场部将目标市场开拓出来了才可以。例如，某企业对市场需求进行分析之后，认为北京市场的需求具有优势，于是市场部投入300 000元广告费，成功开拓北京市场，之后销售部就可以在北京市场上进行所有产品的销售。因为投入了广告，使所有产品在竞单时的市场影响力得分有相应的增加，当然，同时企业的销售成本也有所增加。两部门的协作关系整理如表5－29所示。

表5－29　市场部与销售部的协作

市场部			销售部		
市场需求分析	广告投入	获得市场	可销售市场	市场影响力得分增加	销售成本增加

延伸阅读5－5

市场部、销售部、营销部的区别

（1）销售部的职责是帮助有需要的人们得到他们所需要东西，面向终端客户，是赚钱的部门。市场部职责在于努力在产品质量、价格、服务、品种等方面创造优势，是花钱的部门，是对销售部门有力的支持。

(2) 市场部的对象是消费者，销售部的对象是客户（渠道和终端）。

(3) 做市场是卖与价格一致的概念，做销售是卖与价值一致的产品。

(4) 做市场是做品类，卖品牌，做销售则是做产品，卖使用价值。

(5) 市场做的是市场扩容工作，销售做的是当下的回款工作。做不好市场死是迟早的事情；做不好销售死是当下的事情。

(6) 市场工作的重点是培育市场，销售所做的则是攫取市场。

(7) 市场调研以规划领先，销售执行以激励为王。

(8) 做市场就是要做出消费者要的东西，做销售则是卖自己有的东西。

(9) 市场考虑的是企业的长远利益和发展，以三五年为期，销售实现的企业短期即期的利益变现，销售目标则以年、季、月为期。

(10) 要做好市场的人最好先有一线销售经验，要做好销售的人也必须具备市场观念，更能战无不胜。

(11) 市场是做品牌，销售是做规模。

(12) 市场是为了让产品“好卖”，销售是为了让产品“卖好”。

(13) 市场是面，销售是点。市场涉及调研、定位、产品研发、概念企划、营销方案的制定，销售则是发货、回款。营销是个比较大的体系，包含了市场与销售。

3.2.4 生产部与销售部的协作

生产部与销售部是企业的两大核心部门。生产部负责根据销售部的订单来制订原材料采购计划和生产计划，并根据生产计划对生产进行认真排期，落实各部门的生产任务。销售部要依据市场需求的变化、市场竞争的激烈程度，采用多种销售手段把生产部生产的产品推销到需要的消费者手里。如果销售部门销售业绩不佳，则生产部生产的产品容易库存积压；相对的，如果生产部门的生产跟不上销售，则销售部门容易错失销售良机，影响企业信誉，不利于企业发展。具体两部门的协作关系整理如表5-30所示。

表5-30　生产部与销售部的协作

生产部		销售部			库存积压
生产量	生产成本	销售量	销售单价	销售利润	

3.2.5 财务部服务于各部门

财务工作对企业所有项目起到实时监控作用。一个企业要想壮大和持续发展，必须把握好财务工作。财务部具体负责企业的财务管理和经济核算，包括生产经营过程中的一切财务核算、会计核算；如实反映本单位的财务状况和经营成果；监督财务收支，依法计缴国家税收并向有关方面报送财务决算；参与企业经营决策，统一调度资金，统筹处理财务工作中出现的问题，组织、指导属下单位的财务管理和经济核算。企业各个部门的正常运作都离不开财务部门的支持。具体如表5-31所示。

表5-31 财务部资金分配 （单位：万元）

发展阶段资金支出比例（%）	研发部	采购部	生产部	市场部	销售部	财务部	资金分配合理性及原因分析
初创期							
成长期							
成熟期							

延伸阅读5-6

财务部门的重要性

1. 在企业内部

对于决策层，财务部要提供战略价值评估、战略规划、并购、财务情报、分析和报告等方面的信息与服务。

对于业务经营，财务部要提供计划和分析、管理会计、成本会计、预算、绩效考核、风险管理、价格分析、运营资本管理、财务信息管理等信息与服务。

2. 在企业外部

对于客户和供应商，财务部要处理应付、应收、固定资产管理、信用管理和收款等。

对于资本市场，财务部要处理银行贷款融资、股票市场融资、财务报告、投资者关系、投资、银行管理、证券分析师简报、保值等。

对于政府和监管者，财务部要处理内部审计、财务报告、证监会报告、税务管理和养老金等。

3.3 商务环境层面

3.3.1 竞争对手

有人的地方就有竞争，有行业的地方就有竞争。竞争对手分直接竞争对手和间接竞争对手。所谓直接竞争对手，是指生产经营同品类、同品种产品或服务，与本企业角逐共同目标市场，与企业构成直接竞争关系的企业。直接竞争对手主要来自于同行业企业，表现为全方位的正面竞争势态，对手的强弱不仅直接影响到市场的需求状况，并且直接影响到本企业的市场占有率。间接竞争对手主要表现为企业之间的产品或服务具有一定的差异从而具有替代性。间接竞争对手一般来自于其他行业，或新产品对老产品行业的替代等。

为了了解竞争对手的信息，获知竞争对手的发展策略以及行动，以作出最适当的应对，应进行竞争对手分析。对竞争对手的分析有四个方面的主要内容，即竞争对手的未来目标、假设、现行战略和潜在能力。（1）对竞争对手未来目标的分析与了解，有利于预测竞争对手对其目前的市场地位以及财务状况的满意程度，从而推断其改变现行战略的可能性以及对其他企业战略行为的敏感性。（2）对竞争对手进行假设分析的目的在于揭示竞争对手对其自身、所处产业以及产业内其他企业的评价和看法，是企业各种战略行为取向的最根本动因。（3）对竞争对手现行战略的分析，目的在于揭示竞争对手正在做什么、能够做什么。通过对竞争对手现行战略的分析，可以帮助企业了解竞争对手目前是如何进行竞争的，以及如果将来竞争结构发生了变化，竞争对手进行战略调整的力度。（4）对竞争对手能力的分析，目的在于揭示竞争对手的强项和弱点在哪里，而其优势与劣势将决定其发起战略反击行动的能力以及处理所处环境或产业中事件的能力。竞争对手情况如表5-32所示。

表5-32　竞争对手情况

发展阶段	直接竞争对手		间接竞争对手	
	企业名称	企业详情	企业名称	企业详情
初创期（第1—4季度）				
成长期（第5—7季度）				
成熟期（第8—10季度）				

延伸阅读5-7

波特的五力模型

五力分析模型是迈克尔·波特（Michael Porter）于20世纪80年代初提出，用于竞争战略的分析，可以有效地分析客户的竞争环境。五力分别是：供应商的议价能力、购买者的议价能力、潜在竞争者进入的能力、替代品的替代能力、行业内竞争者现在的竞争能力（见图5-11）。

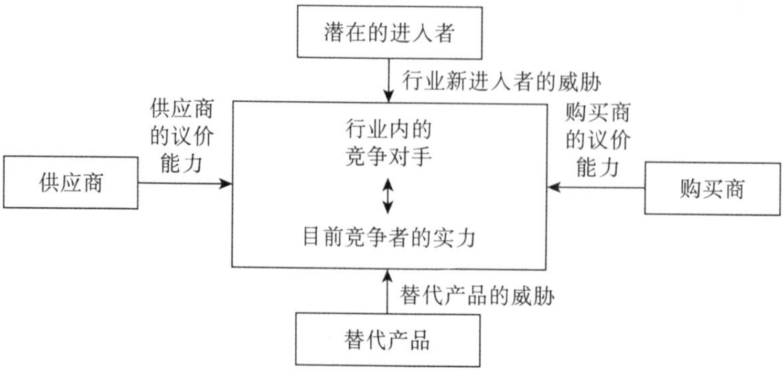

图5-11　波特的五力模型

1. 供应商的议价能力

供方主要通过提高投入要素价格与降低单位价值质量的能力，来影响行业中现有企业的盈利能力与产品竞争力。供方力量的强弱主要取决于他们提供给买主的是什么投入要素，当供方所提供的投入要素其价值在买主产品总成本中占较大比例、对买主产品生产过程非常重要，或者严重影响买主产品的质量时，供方对于买主的讨价还价力量就大大增强。

2. 购买者的议价能力

购买者主要通过压价与要求提供较高的产品或服务质量的能力，来影响行业中现有企业的营利能力。

3. 新进入者的威胁

新进入者在给行业带来新生产能力、新资源的同时，也希望在已被现有企业瓜分完毕的市场中赢得一席之地，这就有可能会与现有企业发生原材料与市场份额的竞争，最终导致行业中现有企业盈利水平降低，严重的话还有可能危及这些企业的生存。竞争性进入威胁的严重程度取决于两方面的因素，即进入新领域的障碍的难度与预期现有企业对于进入者的反应情况。

4. 替代品的威胁

两个处于不同行业中的企业，可能会由于所生产的产品互为替代品，从而在它们之间产生相互竞争行为，这种源自于替代品的竞争会以各种形式影响行业中现有企业的竞争战略。

5. 行业内现有竞争者的竞争

大部分行业中，企业之间的利益都是紧密联系在一起的。各企业竞争战略目标都在于使得自己获得相对于竞争对手的优势，所以，在实施中就必然会产生冲突与对抗现象，这些冲突与对抗就构成了现有企业之间的竞争。

3.3.2 合作伙伴

合作伙伴是指企业与企业之间达成的最高层次的合作关系。不同类型企业都有其发展的优势和劣势，无论是同类企业还是上下游企业都是既竞争又合作的关系，企业若能达成互帮互助、资源共享的战略合作伙伴关系，就可以提高自己的竞争能力。在本实训中，根据与合作伙伴合作的广度和深度，可以将合作伙伴分为重要客户、一般客户、小客户，并对不同等级的客户实施不同的管理等级。对于企业来说，重要客户包括哪些企业？一般客户包括哪些企业？哪些是小客户？与这些客户在哪些方面展开了合作？效果如何？这些内容都要在总结中得以体现。总结模板具体可以参考表5-33所示。

表5-33　合作伙伴情况

合作伙伴类型	企业1	企业2	企业3	合作内容	效果
重要客户					
一般客户					
小客户					

（根据实际情况，可增加列）

延伸阅读 5-8

企业合作的优势

随着经济全球化的发展，市场活动的主体不再是企业与企业之间的竞争，企业之间通过合作寻求共赢已经是必然的选择，转变竞争观念，建立企业长期的合作关系对企业的长期发展有不可替代的作用。通过企业与企业之间的合作，可以给企业带来以下优势。

1. 资源互补

企业必须要与它所处的环境通过交换来获取需要的资源，可以是供应商、竞争者、顾客、政府部门等。在企业在与合作伙伴建立关系中，可以增强控制关键资源的能力，以获取先进技术和稀缺资源，实现关键资源的优势互补。

2. 核心能力的加强

核心能力是企业本身具有而竞争对手不具备的显著竞争优势，这种竞争优势具备价值性、稀缺性、不完全可模仿性、不可替代性等。因此，企业集中力量发展提高核心能力，把自己不擅长的、不重要的活动交给其他企业去完成，由此产生合作。出于自身降低成本和提高效率的内部驱动，合作具有长久性和相互信任性。

3. 相互学习的需要

企业之间建立合作关系可以使双方获得新的学习机会。从对方获取新的技术和技能，并通过自身创新和利用提高自身企业优势，达到发展和壮大的目的。

4. 关系加强的途径

企业的关键资源可能在组织的边界之外，这就需要它们内外构建关系形成新的竞争优势。如特定关系资产、共同拥有的知识、互补的资源和能力、有效的管理机制。合作方关系以有利于协同发展和提高生产率而设定，关系构筑越强，企业获取经验和资源的能力也就越强，对手越难于模仿。

3.3.3 与市场监督管理、税务、银行的交互

在注册期，企业要到市场监督管理局进行企业设立登记，到税务局进行税务登记，到银行进行基本账户的开户业务，与外围机构交互频繁。在企业正式运营中，每个季度，企业要向市场监督管理局提供自身的生产、销售等数据；每一年，企业还要进行年检，在整个实训过程中都要接受工商局的监督与管理。关于年检，自 2014 年 3 月 1 日起，企业年度报告公示制度正式取代企业年检制度。企业按年度在规定的期限内，通过商事主体登记及信用信息公示平台，向登记机关提交年度报告并向社会公示，由企业自己对年度报告的真实性、合法性负责。经检查发现企业年度报告隐瞒真实情况、弄虚作假的，市场监督管理部门依法予以处罚，并将企业法定代表人、负责人等信息通报公安、财政、海关、税务等有关部门。企业三年不进行年报，将被永久列入“黑名单”。但在本实训平台中，能沿用“年检”的说法。

对于税务局，企业在正式运营中，要按季度向税务局提供自身财务报表，进行纳税申报；企业还要按年缴纳税收，包括增值税和企业所得税。税收具有强制性，纳税是企业应尽的责任和义务，企业应该依法纳税。对于商业银行，企业在正式运营中，如有资金短缺

可以向商业银行通过信用贷款和质押贷款的形式申请所需资金，解决资金难题。贷款到期时，企业要及时向银行还款。

针对与外围机构的交互，可以从这些方面进行总结，若企业在本实训中向市场监督管理局投诉，则投诉内容是什么？市场监督管理局的处理结果是什么？每次年检报告的主要内容是什么，年检中有什么问题？在向税务局提交报表由税务局审核时，遇到了哪些问题？怎么解决？在向税务局纳税时，出现的主要问题是什么？怎么解决？在各个发展阶段，向商业银行的贷款额度、还款情况等。

总结模板具体参考表5－34。

表5－34 与市场监督管理、税务、银行的交互

发展阶段	市场监督管理局		税务局		商业银行	
	投诉、监督	年检	报表审核	纳税	贷款	还款
初创期（第1—4季度）						
成长期（第5—7季度）						
成熟期（第8—10季度）						

延伸阅读5－9

税收筹划与偷税

1. 本质不同

税收筹划与偷税有着本质的区别。偷税是一种公然违反税法规定，与税法相对抗的行为，其主要手段表现为纳税人通过主动隐匿有关纳税情况和事实，达到少缴或不缴税款的目的，其行为具有明显的欺骗性质。

而税收筹划是尊重税法规定的，即在遵守税法规定的前提下，利用现有税收法律的优惠规定，结合纳税人的具体经营情况来确定最有利的涉税方案。税收筹划是合法的。

2. 需要承担的法律后果不同

在法律后果上，偷税行为是税法明确禁止的行为，因而一旦被税务机关查明属实，纳税人就要为此承担相应的法律责任，受到法律的制裁。

而税收筹划则是通过合法的形式尽可能地减少纳税人的税收负担，其经济行为无论在形式上还是事实上都是符合税法规定的。各国政府对此都是默许，甚至是鼓励的。

3. 社会影响不同

从社会影响看，偷税是公然违反税法、利用虚假的申报减少纳税，因此，偷逃税是纳税人藐视法律的行为，各地税务机关为了防止纳税人的偷漏税，均在加强税收征管，严格执法。

而税收筹划的成功则需要纳税人及筹划人对税法条文充分熟悉、对税法精神充分理解，同时又要掌握必要的筹划技术，才能达到节税的目的。

思考题

1. 在本实训过程中你印象最深的内容是什么？
2. 如果有机会继续经营或重来，你会如何做？
3. 你有什么感受和想法能带到明天的学习或将来的工作中？
4. 通过本次实训，你认为企业经营成败最关键的因素是什么？

实训环节

实训总结

一、实训目的

1. 通过实训总结，提升学生的归纳、总结、分析能力。
2. 使学生通过各组对比，取长补短，提升个人综合素质。

二、实训内容

1. 媒体公司播放有关本实训活动的视频。
2. 教师总结为期 6 天所开展的全部实验项目活动。
(1) 各企业模拟经营成果展示。
(2) 总结学生的表现。
3. 各个企业（机构）负责人工作汇报。
(1) 如何制订企业发展规划。
(2) 如何应对市场需求，及时调整规划。
(3) 如何有效规划财务方案。
(4) 如何构建互惠互利的供应链。
4. 个人随机发言及交流。

三、实训组织

1. 每组准备 5 分钟 PPT。
2. 小组负责人、核心成员总结发言。
3. 教师点评及总结。

附录1　本商务决策环境运营规则

附表1　　厂区基本情况表

所在地区	代表城市	厂区类型	厂区面积（平方米）	价格（元）	竞单加分
京津唐经济区	北京	小型	1 000	1 000 000	3
		大型	1 200	1 200 000	3
环渤海经济区	大连	小型	1 000	850 000	3
		大型	1 200	1 020 000	3
长三角经济区	武汉	小型	1 000	800 000	3
		大型	1 200	960 000	3
珠三角经济特区	深圳	小型	1 000	1 100 000	3
		大型	1 200	1 320 000	3
东北老工业基地	沈阳	小型	1 000	900 000	3
		大型	1 200	1 080 000	3
西部大开发基地	成都	小型	1 000	700 000	3
		大型	1 200	840 000	3

附表2　　市场产品留存比例

厂区	北京	大连	武汉	深圳	沈阳	成都	亚洲
L型	30%	35%	45%	35%	46%	60%	90%
O型	45%	30%	46%	60%	45%	40%	30%
H型	51%	45%	40%	50%	35%	35%	20%
S型	49%	45%	50%	20%	40%	40%	10%

附表3　　厂房基本信息表

厂房类型	容量（条）	兴建价格（元）	厂房面积（平方米）	折旧期限（季度）
小型厂房	1条	250 000	200	40
中型厂房	2条	400 000	400	40
大型厂房	3条	600 000	500	40

附表 4 **仓库信息表**

产成品库类型	容量（件）	兴建				租赁	吞吐量
		兴建价格（元）	维护费（元/季度）	折旧期限（季度）	占地面积（m^2）	租赁费（元/季度）	
小型仓库	3 000	300 000	2 000	40	300	80 000	20 000
中型仓库	6 000	600 000	2 000	40	500	100 000	40 000
大型仓库	12 000	800 000	2 000	40	1 000	200 000	60 000

附表 5 **生产线信息表**

生产线类型	购买价格（元）	安装周期（季度）	转产周期（季度）	技术水平	最大产能（件/季度）	强度	人员利用率	折旧期限（季度）
劳动密集型生产线	500 000	0	0	2	500	6	0.5	40
半自动生产线	1 000 000	0	1	3	500	8	1.0	40
全自动生产线	1 500 000	1	1	4	450	8	10.0	40
柔性生产线	2 000 000	1	0	4	400	8	3.0	40

附表 6 **产品研发基本信息表**

研发项目	基本研发能力要求	最少投放资金（元）	推荐资金（元）	代表 BOM	工艺水平
L 型产品研发	0	0	0	L 型产品 A 型工艺清单	1
L 型产品工艺改进	50	100 000	300 000	L 型产品 B 型工艺清单	0
H 型产品研发	100	300 000	1 000 000	H 型产品 A 型工艺清单	2
H 型产品工艺改进	50	100 000	300 000	H 型产品 B 型工艺清单	1
O 型产品研发	100	1 000 000	2 000 000	O 型产品 A 型工艺清单	3
S 型产品研发	100	1 500 000	3 000 000	S 型产品 A 型工艺清单	4
高端工艺改进	30	300 000	600 000	O 型产品 B 型工艺清单	2
				S 型产品 B 型工艺清单	3

附表 7 **产品工艺清单信息表** （单位：个）

BOM 文件	L_A	L_B	H_A	H_B	O_A	O_B	S_A	S_B
L（中间件）	0	0	1	1	1	1	2	2
M1	2	1	2	1	2	1	1	0
M2	0	0	0	0	2	1	1	0
M3	0	0	0	0	0	0	1	1

附表 8 **原辅料工艺清单信息表** （单位：个）

BOM 文件	$M1_A$	$M1_B$	$M2_A$	$M2_B$	$M3_A$	$M3_B$
M4	2	1	2	0	0	0
M5	2	1	2	2	1	1
M－X	0	0	1	1	3	1

附表 9　原辅料平均市场价格信息表

原辅材料名称	原材料平均市场价格（元）
M1	600
M2	800
M3	1 000
M4	50
M5	150
M－X	200

附表 10　广告决策数据信息表

宣传手段	最少投入资金（元/市场）	资金分配比率	投放形式	每季度允许投放次数
网络新媒体广告	400 000	50%	群体市场	1
电视广告	300 000	100%	个体市场	1
电影广告植入	600 000	150%	个体市场	1
产品代言	500 000	60%	群体市场	1

附表 11　市场开拓费用表

所在地区	代表城市	临时开拓资金（元）	永久开拓资金（元）	永久市场竞单加分
国内	北京	300 000	4 000 000	3
国内	大连	250 000	1 500 000	3
国内	武汉	150 000	1 500 000	3
国内	深圳	250 000	3 000 000	3
国内	沈阳	200 000	3 000 000	3
国内	成都	250 000	2 000 000	3
国外	亚洲	300 000	5 000 000	3

附表 12　人力资源信息表

人员类型	招聘费用（元）	人员类型	生产能力（件/人）	生产能力提高率（%）	研发能力	工资（元/人·季度）
初级工人	4 000	生产人员	10	0	0	4 000
高级工人	6 000	生产人员	20	0	0	6 000
车间管理人员	8 000	生产人员	0	25	0	8 000
研发人员	10 000	研发人员	0	0	10	10 000

附录2 财务报表填写说明

附表13

利润表填表说明

编制单位：____________________　　________年____月____日　　（单位：元）

项目	填表说明
一、营业收入	查找系统中明细账或者凭证的“主营业务收入”
减：营业成本	查找系统中明细账或者凭证的“营业成本”
营业税金及附加	查找系统中明细账或者凭证的“营业税金及附加”
销售费用	查找系统中明细账或者凭证的“销售费用”
管理费用	查找系统中明细账或者凭证的“管理费用”
财务费用	查找系统中明细账或者凭证的“财务费用”
二、营业利润（亏损以“－”号填列）	
加：营业外收入	此科目数据为0
减：营业外支出	此科目数据为0
其中：非流动资产处置损失	此科目数据为0
三、利润总额（亏损总额以“－”号填列）	
减：所得税费用	“三、利润总额”乘以25%
四、净利润（净亏损以“－”号填列）	“三、利润总额”减去“所得税费用”

附表 14

资产负债表填表说明

编制单位：________________　　________年____月____日　　（单位：元）

资产	填表说明	负债和所有者权益	填表说明
流动资产：		流动负债：	
货币资金	系统中明细账的“银行存款”	短期借款	系统中明细账的“短期借款”
应收票据	此科目数据为0	应付账款	系统中明细账的“应付账款”
应收账款	系统中明细账的“应收账款”	应付职工薪酬	系统中明细账的“应付职工薪酬”
预付款项	此科目数据为0	应交税费	系统中明细账的“应交税费”
应收利息	此科目数据为0	应付利息	此科目数据为0
其他应收款	此科目数据为0	其他应收款	此科目数据为0
存货	明细账中的“生产成本”+“原材料”+“存库商品”	一年内到期的非流动负债	此科目数据为0
一年内到期的非流动资产	此科目数据为0	流动负债合计	
流动资产合计		非流动负债：	
非流动资产：		长期借款	此科目数据为0
长期应收款	此科目数据为0	其他非流动负债	此科目数据为0
固定资产净额	系统中明细账的“固定资产”+“累计折旧”	非流动负债合计	
在建工程	系统中明细账的“在建工程”	负债合计	
固定资产清理	此科目数据为0	所有者权益：	
无形资产	此科目数据为0	实收资本（或股本）	系统内设的注资资本为：制造企业 1000 万元、原材料企业 500 万元，贸易企业 2000 万元
开发支出	此科目数据为0	未分配利润	本期未分配利润 = 本期净利润 + 上期未分配利润
非流动资产合计		所有者权益	所有者权益 = 实收资本 + 未分配利润
资产总计		负债和所有者权益	

参考文献

［1］杨奇星，陈泉．经管跨专业综合实训教程［M］．成都：电子科技大学出版社，2017.

［2］李幸．经管类跨专业综合仿真实验［M］．成都：西南财经大学出版社，2019.

［3］樊颖，史建军，等．虚拟商业社会环境（VBSE）跨专业综合实训教程［M］．北京：清华大学出版社，2017.

［4］张战勇，李晶，等．虚拟商业社会（VBSE）跨专业综合实训教程（Virrtual Business Society Environment（VBSE）Cross Disciplinary Comprehensive Training Tutorial）［M］．北京：经济管理出版社，2018.

［5］崔艳辉，张红，等．经管类跨专业综合实训教程（高等学校应用型本科管理学“十二五”规划教材·管理学系列教材）［M］．北京：中国金融出版社，2013.

［6］党建宁，向海斌，车红岩．虚拟商业社会环境（VBSE）跨专业综合实训教程［M］．北京：中国财政经济出版社，2020.

［7］贺雪荣，李炜．跨专业企业经营仿真实验教程（经管类应用型本科人才培养实训系列教材）［M］．大连：东北财经大学出版社，2019.

［8］崔艳辉．经管类跨专业综合实训教程［M］．北京：中国金融出版社，2013.

［9］罗平实，李敬飞，等．财经商贸跨专业综合实训［M］．重庆：重庆大学出版社，2018.